실루엣이 예쁜

원피스 만들기
Dresses

HANDIS

추천사

완벽한 스타일을 연출하고자 옷장을 열어보면 '입을 옷이 없다.' 라는 말이 절로 나옵니다. 이것은 타인에 의해 설계되고 만들어져서 상업적 가치만 남은 옷이기 때문이 아닐까 하는 생각이 듭니다. 우리 스스로 디자인을 하고 원단을 골라 직접 마름질하여 완성한 옷을 입는다면, 분명 옷을 입을 때마다 만드는 과정의 스토리가 떠올라, 그 가치가 높아질 것입니다.

옷은 스타일입니다. 하나하나가 아니라 상의나 하의가 겹쳐지면서 배색되고, 소재가 조화되면서 이미지를 만듭니다. 패션 전문가가 아닌 사람에게는 이러한 이미지 연출이 결코 쉽지 않습니다. 그렇게 생각해 보면 잘 재단되고 완성된 원피스는 그러한 걱정을 덜어줍니다.

이번에 출간된 '실루엣이 예쁜 원피스 만들기'는 많은 사람들이 선호할 만한 다양한 작품이 수록되어 있습니다. 특히 디자인과 소재를 잘 매치하여 착장 장소와 목적에 적합한 디자인을 제시하였습니다. 제목처럼 실루엣이 예쁜 원피스를 만들어 옷장을 채우는 즐거움을 느끼시길 바랍니다.

KMSA 이사 **이미영**
(현 심플소잉NCC 부산 화명점 운영)

패션소잉 교육을 하면서 만나는 많은 교육생들이 예쁜 디자인이란 무엇인지 궁금해합니다. 제가 생각하는 예쁜 디자인의 정의는 '옷 자체가 예쁜 것이 아니라, 옷을 입었을 때 사람이 예뻐 보여야 정말 예쁜 디자인이다.'입니다. 특히 의상은 예쁜 디자인에서 한 발 나아가 입었을 때 편하고, 만들기도 쉬워야 핸드메이드를 선호하는 많은 소어들에게 환영받을 수 있다고 생각합니다.

교육생들이 중급쯤 되면 이것저것 관심도 많아지고 궁금한 것도 늘어나면서 다양한 디자인의 패턴에 욕심이 생깁니다. 초급을 마치고 중급 수준을 준비하는 수강생이라면, 이 책은 그러한 욕구를 충족시키기에 충분한 구성을 갖추었습니다. 다양한 스타일의 원피스에 꼭 필요한 디테일을 상세한 설명으로 보여주는 것만으로도 꼭 추천받을 만합니다.

당신이 소잉을 어느 정도 한다면 이제 스타일까지 완성해보세요. 또 다른 소잉의 즐거움을 찾을 수 있을 것입니다.

FSAA 강사 **류정숙**
(현 패션스타트NCC 평택 안중점 운영)

실루엣이 예쁜 **원피스 만들기**

초판 1쇄 인쇄	2018 년 07 월 27 일
초판 1쇄 발행	2018 년 08 월 07 일

발행인	정용효
기획	이슬희, 정다은, 유윤경
번역	손수현
감수	브라이언
편집	전하리
인쇄	웰컴P&P
신고번호	제2016-000002호
신고일자	2016년 01월 26일
발행처	주)핸디스 소잉스토리
	광주광역시 북구 서암대로 133 (신안동), 3층
대표전화	062-513-8957
팩스	062-522-8827
문의전화	070-8893-9218
홈페이지	소잉스토리 www.sewingstory.com
원단 구입처	심플소잉 www.simplesewing.co.kr
	패션스타트 www.fashionstart.net
ISBN	979-11-88062-15-7 13590
판매가	15,000원

※ 잘못 인쇄된 책은 구입처에서 교환해 드립니다 .
※ 소잉스토리는 소잉 D.I.Y 취미실용서를 출간합니다 .

이 도서의 국립중앙도서관 출판예정도서목록 (CIP) 은 서지정보유통지원시스템 홈페이지 (http://seoji.nl.go.kr) 와 국가자료공동목록시스템 (http://www.nl.go.kr/kolisnet) 에서 이용하실 수 있습니다 . (CIP 제어번호 : CIP2018022792)

STAFF

編集	渡部恵理子　坪明美
監修	関口恭子
撮影	中島繁樹 (人物)
	藤田律子 (プロセス)
編集デザイン	HERE&NOW
イラスト	たけうちみわ (trifle-biz)
パターン	長谷川綾子
編集長	高橋ひとみ
発行人	内藤 朗
発行処	株式会社ブティック社

Lady Boutique Series No.4366
Silhouette no Kireina One-piece
Copyright ⓒ BOUTIQUE-SHA 2017
All rights reserved.
Original Japanese edition published in Japan by BOUTIQUE-SHA.
Korean translation rights arranged with BOUTIQUE-SHA thruogh DAIJO CRAFT CORP.

이 책의 한국어판 저작권은 BOUTIQUE-SHA, INC. 와의 독점 계약으로 주)핸디스에 있습니다. 신저작권법에 의해 한국 내에서 보호를 받는 저작물이므로 무단전재와 무단복제를 금합니다.

Contents

이 책에 수록되어 있는
작품 사이즈와 패턴에 대해서

◆본 서적에 수록된 작품은 수록된 실물크기 패턴
을 사용하거나 수정하여 제작할 수 있습니다.
P.88의 [실물크기 패턴 사용방법]을 참고하여
다른 종이에 베껴 사용해주세요.
◆실물크기 패턴 사이즈는 S,M,L 3사이즈입니다.
◆화보페이지에 수록된 채촌 치수는 P.41에
기재되어 있습니다.

Dress *number* 1

V넥 슬리브리스 원피스

만드는 방법 ▶▶▶ P.42

어깨를 가녀려 보이게 하는 V넥 원피스입니다. 가슴 절개선 부분에 주름을 잡아 포인트를 주고, 그린 컬러의 새틴 원단으로 만들어 고급스러운 분위기를 더했습니다.

작품제작 / 福田美穂

만드는 방법 ▶▶▶ P.42

Dress number*2*

캡 슬리브 원피스

다홍색의 작은 꽃무늬가 사랑스러운 원피스입니다.
무릎길이의 디자인과 어깨를 가려주는 캡 슬리브의
원피스로 귀여운 스타일을 완성해보세요.

작품제작 / 福田美穂

Dress *number* 3
슬림 원피스

만드는 방법 ▶▶▶ P.48

깔끔하게 일자로 떨어지는 여성스러운 심플한 슬림 원피스입니다. 빨간 분또 원단을 사용해 성숙한 스타일로 연출했습니다.

작품제작 / 加藤容子

Back Style

뒷몸판에 지퍼가 달려있고,
밑단은 벤트로 제작되었습니다.

4

Dress number4

벨트 슬림 원피스

만드는 방법 ▶▶▶ P.48

레트로한 스타일의 벨트가 돋보이는 슬림한 원
피스입니다. 자연스러운 광택이 있는 원단을 사
용하여 여성스러운 분위기를 연출해 보세요.

작품제작 / 加藤容子

Dress number 5

페플럼 원피스

만드는 방법 ▶▶▶ P.45

허리에 페플럼을 달아 포인트를 준 원피스입니다.
힘 있는 원단을 사용하여 페플럼의 실루엣이 아름
답게 돋보이도록 만들었습니다. 꽃무늬의 원단을
골라 더욱 여성스러운 느낌을 연출해 보세요.

작품제작 / 加藤容子

Dress number 6

절개 원피스

만드는 방법 ▶▶▶ P.50

허리에 잔잔한 주름이 들어간 사랑스러운
분위기의 원피스입니다. 차분한 색의 새틴
소재로 만들어 포멀한 느낌으로 연출해 보
세요.

작품제작 / 加藤容子

Dress ^{number} 7

롱 캐미솔 원피스 1

만드는 방법 ▶▶▶ P.56

직선으로 딱 떨어지는 실루엣이 귀여운 롱 캐미솔 원피스입니다. 양 옆선의 밑단에 트임을 주어 활동하기 편하도록 만들었습니다. 심플한 무지 원단으로 만들어 다양하게 매치해 보세요.

작품제작 / 西村明子

Dress number **8**

롱 캐미솔 원피스 2

만드는 방법 ▶▶▶ P.56

no.7의 원피스를 카키 컬러의 스트라이프 원단으로 만들었습니다. 블랙 컬러의 모자와 신발을 함께 매치하여 캐주얼한 스타일로 연출했습니다.

작품제작 / 西村明子

Dress number 9

A라인 원피스

만드는 방법 ▶▶▶ P.58

마름모 무늬의 레이스가 시원해 보이는 A라인 원피스입니다. 사용하는 원단의 소재에 따라 다양한 분위기를 연출할 수 있습니다.

작품제작 / 太田秀美

Dress *number* 10 &11

탱크톱 원피스 & 페티 원피스

Dress 10 만드는 방법 ▶▶▶ P.60
Dress 11 만드는 방법 ▶▶▶ P.86

붓으로 그린 듯한 프린트가 돋보이는 탱크톱 원
피스입니다. 앞·뒤가 다른 언발란스한 길이로
더욱 멋스럽게 연출할 수 있습니다. 비치는 소
재로 만들 경우, no.11 페티 원피스를 덧대어
착용해 보세요.

Dress 10 작품제작 / 千葉美枝子
Dress 11 작품제작 / 太田秀美

Back Style

뒷몸판에 트임을 주어
착용하기 편한
디자인입니다.

no.11
페티 원피스

11

Dress *number* 12 & 13

탱크톱과
캐미솔 원피스 세트

만드는 방법 ▶▶▶ P.62

캐미솔 원피스에 탱크톱을 걸친 세트업입니다.
no.10 탱크톱 원피스의 기장을 줄여 탱크톱으
로 만들었습니다. 버건디 컬러의 원단으로 만들
어 화려한 분위기를 연출해 보세요.

Dress 12 작품제작 / 千葉美枝子
Dress 13 작품제작 / 西村明子

12

13

탱크톱에 와이드 팬츠를 매치했습니다. 탱크톱
의 앞 밑단을 팬츠 안으로 살짝 넣어 스타일리
시하게 연출해 보세요.

캐미솔 원피스 안에 심플한 블라우스를 매치했습
니다. 원피스의 허리에 살짝 라인이 들어가 슬림한
느낌을 줍니다.

Dress ^number 14

철릭 원피스 1

만드는 방법 ▶▶▶ P.53

몸판과 소매가 한 번에 이어진 디자인의 철릭 원피스입니다. 스냅 단추를 달아 편하게 착용할 수 있으며, 작은 꽃무늬 프린트로 사랑스러운 느낌을 더했습니다. 같은 원단으로 만든 리본을 허리에 묶어 연출해 보세요.

작품제작 / 吉田みか子

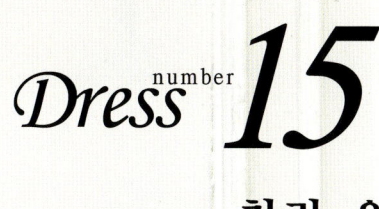

Dress ^{number}15

철릭 원피스 2

만드는 방법 ▶▶▶ P.53

no.14 철릭 원피스의 소매에 커프스를 달아 단정한 느낌을 더해준 원피스입니다. 차분한 색의 트윌 원단으로 만들어 성숙한 분위기를 연출해 보세요.

작품제작 / 吉田みか子

만드는 방법 ▶▶▶ P.64

Dress ^{number}16

오블롱 칼라 셔츠 원피스

플레어 실루엣이 여성스러운 롱원피스입니다.
목둘레에 오블롱 칼라를 달아 세련된 스타일을
연출했습니다.

작품제작 / 金丸かほり

고급스러운 실루엣이며, 단품으로
입어도 멋스럽습니다. 부드러운 원
단으로 만들어 밑단이 가볍게 퍼지
도록 연출해 보세요.

단추를 열어 로브처럼 걸쳐 입어도
멋스럽습니다. 데님과 매치하여 캐
주얼한 분위기를 연출해 보세요.

Arrange
Style

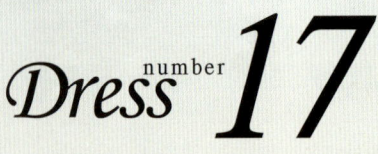

Dress ^number^ 17

플레어 슬리브
셔츠 원피스

만드는 방법 ▶▶▶ P.64

no.16 오블롱 칼라 셔츠 원피스의 기장과 소매를 변형한 셔츠 원피스입니다. 풍성하게 퍼지는 플레어 슬리브를 달아 귀여운 느낌을 더했습니다. 독특한 무늬의 원단을 사용해 멋스러운 스타일을 완성해 보세요.

작품제작 / 金丸かほり

Dress ^{number}18

개더 절개 반소매 원피스

만드는 방법 ▶▶▶ P.72

개더 절개가 사랑스러운 반소매 원피스입니다.
베이직한 디자인으로 원단을 다르게 하여 여러
벌 만들어 두면 활용하기 좋은 아이템입니다.

작품제작 / 小澤のぶ子

Dress ^{number} 19

리본 플레어 원피스

만드는 방법 ▶▶▶ P.69

칠부소매와 플레어 실루엣이 고급스러운 원피스
입니다. 차분한 색의 광택이 도는 소재로 만들
면 드레시한 분위기를 연출할 수 있습니다. 허
리를 리본으로 묶으면 단정한 느낌과 함께 사랑
스러운 스타일이 완성됩니다.

작품제작 / 小澤のぶ子

Arrange
Style

Dress *number* 20

코쿤 원피스

만드는 방법 ▶▶▶ P.76

여성스러운 곡선미를 살린 코쿤 원피스입니다. 가슴둘레에 절개를 주고 턱을 잡아 둥근 실루엣을 더욱 돋보이게 만들어 체형을 커버하기 좋습니다. 블랙 무지 원단으로 만들어 시크한 분위기를 연출해 보세요.

작품제작 / 古屋範子

Dress number *21*

리본 칼라 코쿤 원피스

만드는 방법 ▶▶▶ P.76

no.20 코쿤 원피스의 목둘레에 리본 칼라를 달아 제작한 원피스입니다. 절개선의 턱을 더욱 돋보이게 만들었으며, 밝은 브라운 컬러로 우아한 분위기를 연출했습니다.

작품제작 / 古屋範子

Dress *number* 22

프릴 소매 A라인 원피스

만드는 방법 ▶▶▶ P.30

소맷부리에 프릴을 달아 포인트를 준 A라인 원
피스입니다. 고양이 프린트의 원단으로 귀여운
느낌을 더했습니다. 원단의 무늬나 소재에 따라
다양한 분위기를 연출해 보세요.

작품제작／ 太田秀美

Dress ^number 23

오프 넥 원피스

만드는 방법 ▶▶▶ P.74

연한 핑크의 꽃무늬가 귀여운 오프 넥 칼라 원피스입니다. 부드러운 원단으로 만들면 밑단의 실루엣이 자연스럽게 떨어져 차분한 느낌을 줍니다.

작품제작 / 加藤容子

턱 절개 셔츠 원피스 1

만드는 방법 ▶▶▶ P.82

허리 부분에 절개를 주고 턱을 잡은 턱 절개 원피스입니다. 화려한 보타니컬 프린트의 원피스에 무지 원단의 칼라를 달아 포인트를 주었습니다.

작품제작 / 金丸かほり

Dress ^{number}25

턱 절개 셔츠 원피스 2

만드는 방법 ▶▶▶ P.82

깅엄 체크 원단으로 만들어 귀여운 느낌의 셔츠 원피스입니다. 허리 뒤쪽에 고무줄을 넣어 편하게 착용할 수 있으며, 5부 길이의 소매를 달아 세련된 분위기를 더했습니다.

작품제작 / 金丸かほり

Dress *number* 26 & 27

보타이 스탠드 칼라
원피스 & 페티 원피스

Dress 26 만드는 방법 ▶▶▶ P.79
Dress 27 만드는 방법 ▶▶▶ P.86

가는 보타이로 리본을 묶어 우아한 느낌을 주
고, 풍성한 소매와 허리 주름이 고급스러운 스
탠드 칼라 원피스입니다. 가벼운 쉬폰 소재를
사용해 만들어 보세요.

작품제작 / 小澤のぶ子

Arrange Style

보타이를 하지 않고 소품의
매치에 따라 페미닌하거나
캐주얼하게 입을 수 있는 디
자인입니다.

no.27
페티 원피스

29

P.24 *Dress* **22** 프릴 소매 A라인 원피스 만드는 방법

재료

겉감(코튼 론) ······ 108cm폭 x 270cm(S) / 280cm(M) / 290cm(L)

접착심(소잉심지) ······ 112cm폭 x 20cm

콘실지퍼 ······ 60cm길이 1개

걸고리(소) ······ 1쌍

3단으로 분리된 숫자는
S 사이즈
M 사이즈
L 사이즈
1개만 작성된 숫자는 공통

패턴에 대하여

◆실물크기 패턴 : A면 22번 패턴을 사용합니다.

◆사용 패턴 : 앞·뒤몸판, 앞·뒤안단, 소매, 프릴

* 실물크기 패턴에서 몸판과 안단은 각각 베껴 사용합니다.

완성 사이즈

단위 : cm

사이즈	S	M	L
옷길이	90.5	95	98.5
가슴둘레	94	98	102

재단배치도

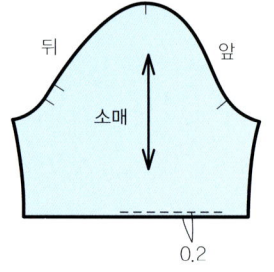

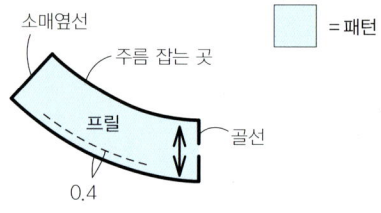

=패턴

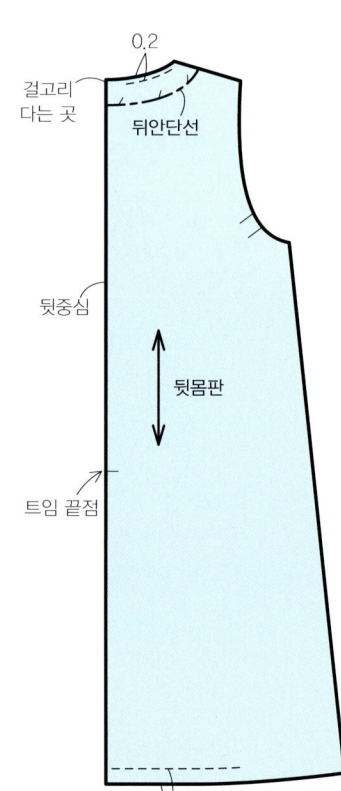

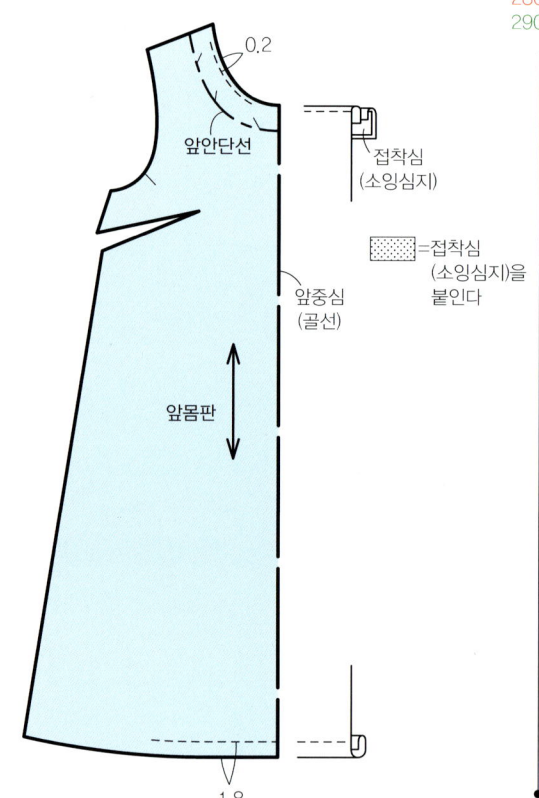

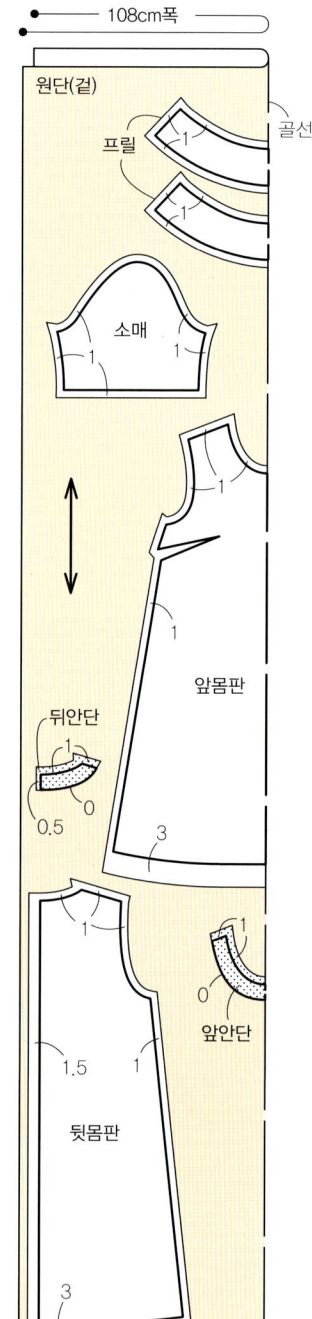

재료

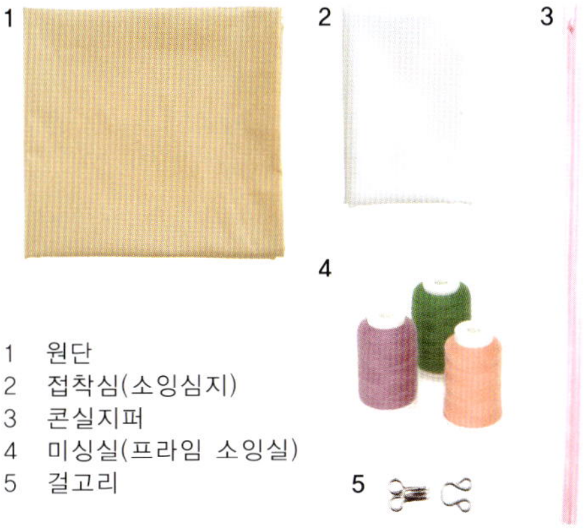

1

1 원단
2 접착심(소잉심지)
3 콘실지퍼
4 미싱실(프라임 소잉실)
5 걸고리

◆ 방법이 잘 보이도록 밝은 컬러의 원단을 사용
하여 설명합니다.
◆ 봉합의 시작과 끝은 되돌아박기를 합니다. 사
진설명은 바늘땀이 잘 보이도록 눈에 띄는 색
의 실을 사용했지만, 실제로 봉합할 때는 원
단에 가까운 색을 사용합니다.

만드는 순서

4. 몸판과 안단의 어깨를 봉합한다
5. 몸판에 안단을 단다
11. 소매산에 오그림을 준다
12. 몸판에 소매를 단다
8. 소매를 만든다
3. 뒷몸판에 콘실지퍼를 단다
10. 소매와 프릴을 봉합한다
13. 뒷몸판에 걸고리를 단다
1. 앞몸판의 다트를 봉합한다
9. 프릴을 만든다
6. 몸판의 옆선을 봉합한다
앞
뒤
7. 몸판의 밑단을 정리한다
2. 뒷몸판의 뒷중심을 봉합한다

재단 및 시접처리

뒤안단(안)
접착심 (소잉심지)

앞안단(안)
접착심 (소잉심지)

오른쪽 소매 (겉)
왼쪽 소매 (겉)

프릴(겉)
프릴(겉)

뒷몸판(겉)
뒷몸판(겉)
지그재그봉제 또는 오버록 처리

앞몸판 (겉)

◆ 준비 ◆
1. 재단배치도에 맞춰 패턴을 배치하고 필요한 시접을 더한 후 재단합니다.
2. 지정된 위치에 접착심(소잉심지)을 붙입니다.
3. 원단의 겉쪽에서 지그재그 봉제 또는 오버록 처리하여 시접 처리를 합니다.

31

1. 앞몸판의 다트를 봉합한다

※ 숫자의 단위는 cm
※ 겉끼리 맞댄다 : 원단의 겉끼리 안쪽으로 맞대는 것을 말합니다.
　안끼리 맞댄다 : 원단의 안끼리 안쪽으로 맞대는 것을 말합니다.

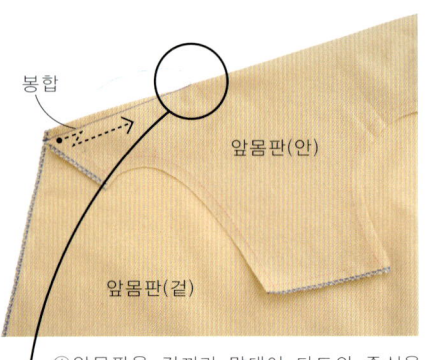

봉합

앞몸판(안)

앞몸판(겉)

① 앞몸판을 겉끼리 맞대어 다트의 중심을 접고, 화살표 방향으로 봉합한다.(봉합의 시작부분에만 되돌아박기하고, 봉합의 끝부분은 되돌아박기를 하지 않고 실 끝을 길게 남겨 둔다)

앞몸판(안)

② 다트의 끝모양을 잡기 위해 원단 끝을 들어 올리면서 다리미로 다트를 위쪽으로 넘긴다.

앞몸판(안)

〈다트를 위쪽으로 넘긴 모습〉

다트 끝점의 실 처리 방법

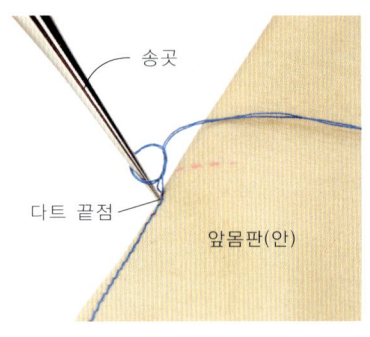

송곳

다트 끝점

앞몸판(안)

① 실 2줄을 함께 묶어 고리로 만들고, 고리 안에 송곳(또는 시침핀)을 넣어 다트 끝점에 붙인다.

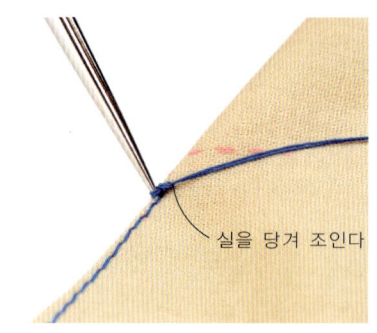

실을 당겨 조인다

② 다트 끝점에 송곳을 붙인 채 실을 당겨 조이고 매듭을 만든다.

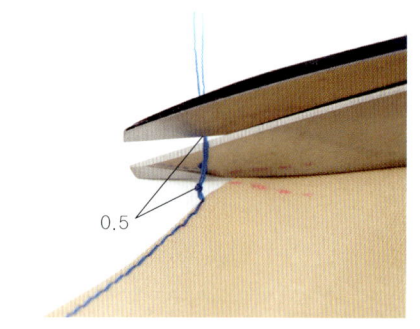

0.5

③ 실을 짧게 남기고 자른다.

---

2. 뒷몸판의 뒷중심을 봉합한다

① 뒷몸판을 겉끼리 맞대어 뒷중심부터 트임 끝점까지 큰 땀(5mm)으로 봉합하고, 트임 끝점에서부터 밑단은 보통 바늘땀(2.5～3mm)으로 봉합한다.

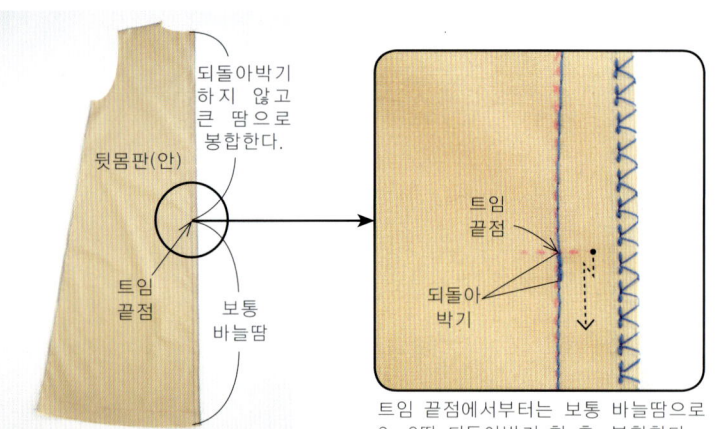

뒷몸판(안)

되돌아박기 하지 않고 큰 땀으로 봉합한다.

트임 끝점

보통 바늘땀

트임 끝점

되돌아 박기

트임 끝점에서부터는 보통 바늘땀으로 2～3땀 되돌아박기 한 후, 봉합한다.

뒷몸판(안)　　　뒷몸판(안)

② 시접을 가름솔한다.

3. 뒷몸판에 콘실지퍼를 단다

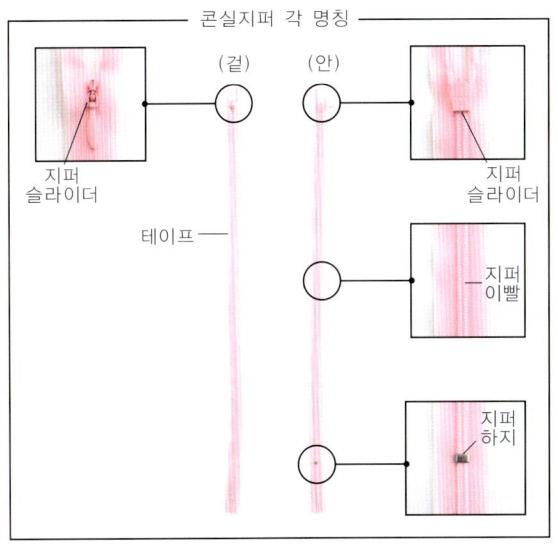

콘실지퍼 각 명칭

지퍼 슬라이더

테이프

(겉) (안)

지퍼 슬라이더

지퍼 이빨

지퍼 하지

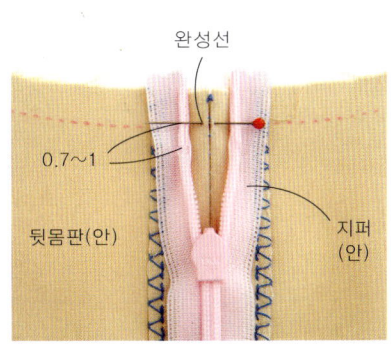

완성선

0.7~1

뒷몸판(안)

지퍼(안)

①콘실지퍼는 지퍼이빨의 위 끝을 완성선에서 0.7~1cm 내린 위치에 맞춰 단다.

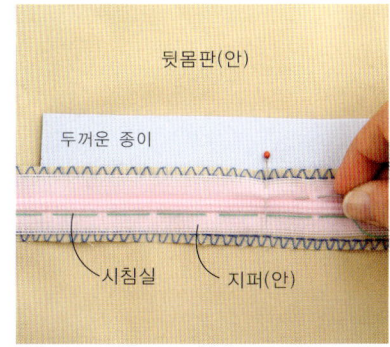

뒷몸판(안)

두꺼운 종이

시침실

지퍼(안)

②시접과 몸판 사이에 두꺼운 종이를 끼우고, 지퍼이빨의 중심과 솔기를 맞춰 지퍼와 시접을 시침실로 봉합한다. 이 때 아래쪽은 트임 끝점까지 봉합한다.

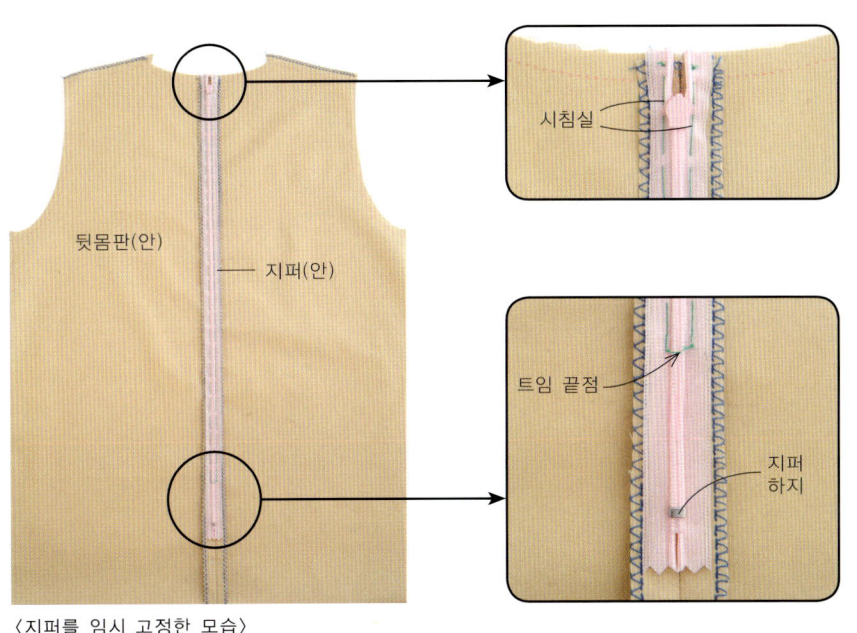

뒷몸판(안)

지퍼(안)

시침실

트임 끝점

지퍼 하지

〈지퍼를 임시 고정한 모습〉

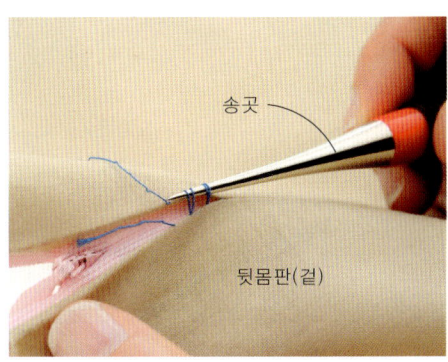

송곳

뒷몸판(겉)

③2-①에서 큰 땀으로 봉합한 미싱실을 제거한다. (송곳을 사용하면 실을 쉽게 제거할 수 있다)

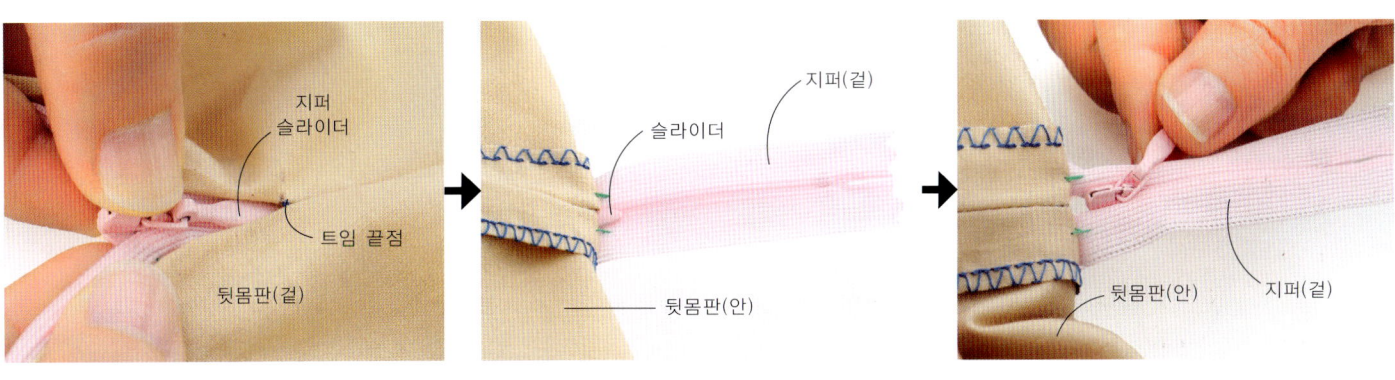

지퍼 슬라이더

트임 끝점

뒷몸판(겉)

슬라이더

지퍼(겉)

뒷몸판(안)

지퍼(겉)

뒷몸판(안)

지퍼(겉)

④지퍼 슬라이더를 트임 끝점에서 안쪽으로 넣고 끝까지 내린다.

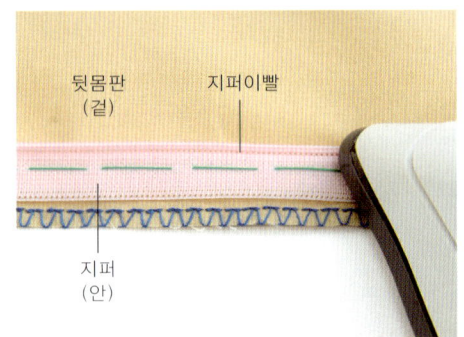

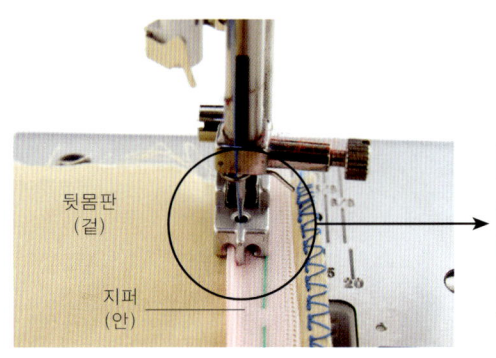

⑤다리미로 지퍼이빨을 세운다.(다리미의 온도는 중온인 140도~160도 정도로 설정한다)

⑥미싱 노루발을 콘실지퍼 노루발로 교체하고, 노루발의 홈에 지퍼이빨을 넣고 봉합한다.

콘실지퍼 노루발

제품명 : 콘실지퍼 노루발
판매처 : www.fashionstart.net
www.simplesewing.co.kr

콘실지퍼 전용 노루발. 지퍼이빨을 세워주어 지퍼이빨의 가장자리를 쉽게 봉합할 수 있습니다.

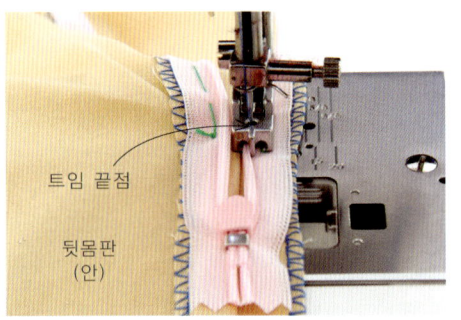

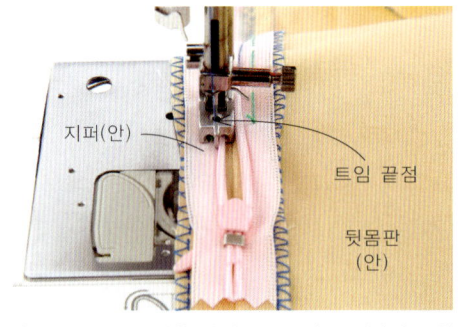

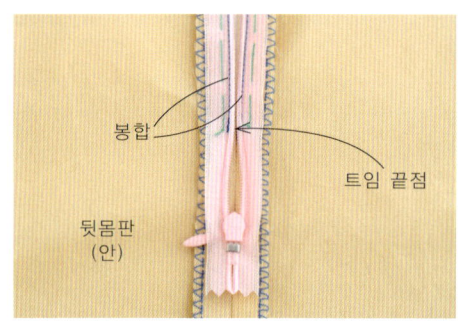

⑦트임 끝점까지 봉합한다.

⑧다른 한 쪽도 같은 방법으로 트임 끝점까지 봉합한다.

〈봉합한 모습〉

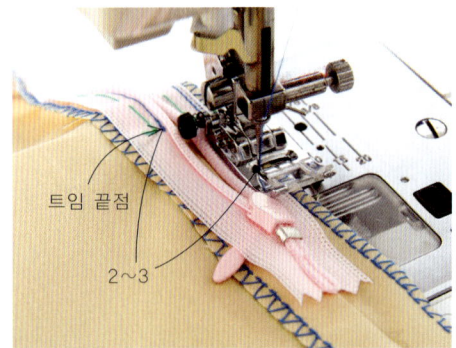

⑨미싱의 노루발을 일반 노루발 또는 지퍼 노루발로 교체하고 테이프의 끝을 봉합한다.

⑩트임 끝점보다 2~3cm 아래까지 봉합한다.

⑪다른 한 쪽도 같은 방법으로 봉합한다.

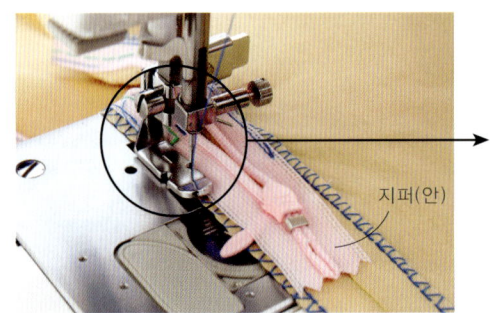

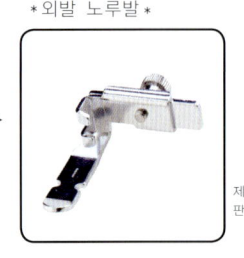

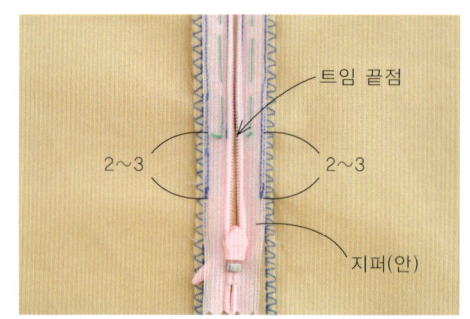

◆ 노루발의 폭이 넓어서 봉합하기 힘든 경우에는 외발 노루발을 사용하면 좋다.

외발 노루발

제품명 : 외발 노루발
판매처 : www.fashionstart.net
www.simplesewing.co.kr

폭이 좁아 지퍼의 한 쪽만 누를 수 있는 노루발. 좌·우 양쪽으로 사용할 수 있어 지퍼 이빨에 걸리지 않고 봉합할 수 있습니다.

〈봉합한 모습〉

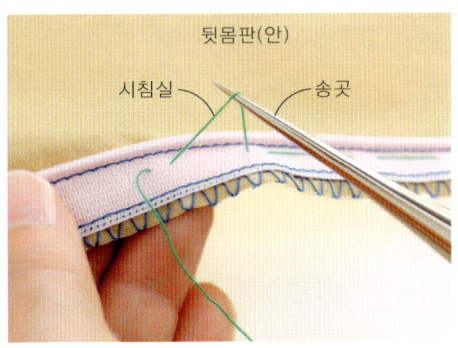

⑫3-②에서 시침질로 봉합한 실을 제거한다.(송곳을 사용하면 실을 쉽게 제거할 수 있다)

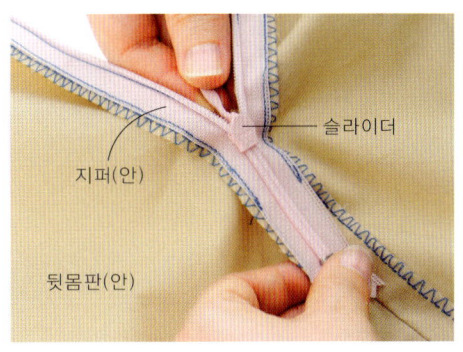

⑬슬라이더를 겉으로 꺼내고, 트임 끝점까지 올린다.

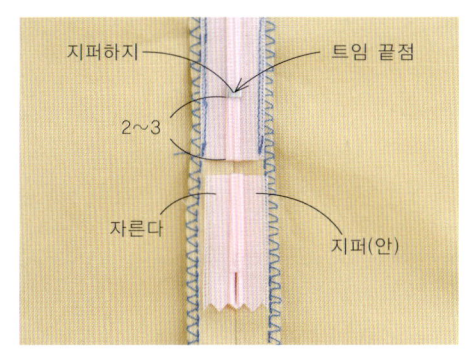

⑭지퍼하지를 트임 끝점의 위치로 이동시키고, 남은 부분을 자른다.

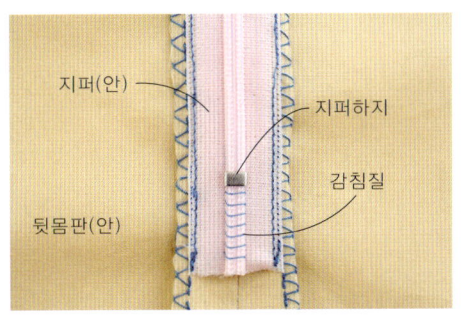

⑮지퍼하지 아래의 지퍼이빨을 감침질한다.

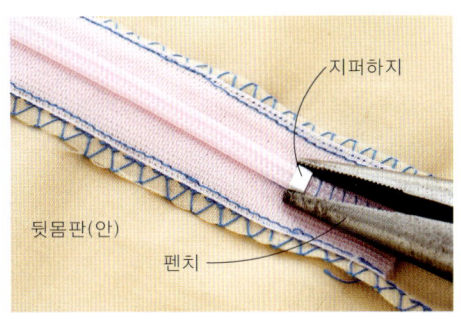

⑯지퍼하지가 움직이지 않도록 펜치 등으로 조인다.

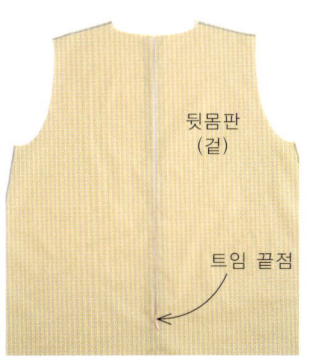

〈봉합한 모습〉

4. 몸판과 안단의 어깨를 봉합한다

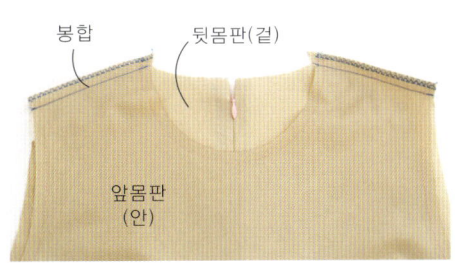

①앞·뒷몸판을 겉끼리 맞대어 어깨를 봉합한다.

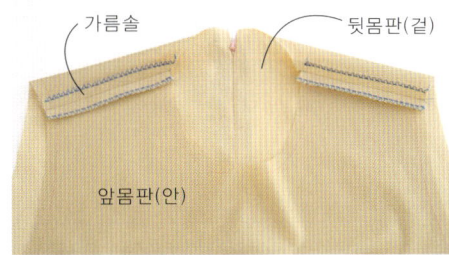

②시접을 가름솔한다.

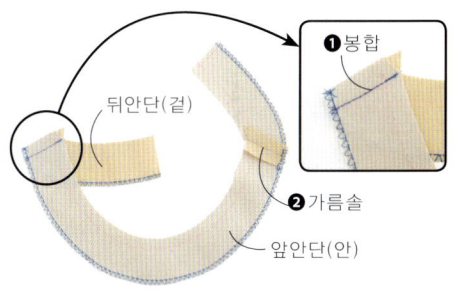

③앞·뒤안단을 겉끼리 맞대어 어깨를 봉합하고, 시접을 가름솔한다.

5. 몸판에 안단을 단다

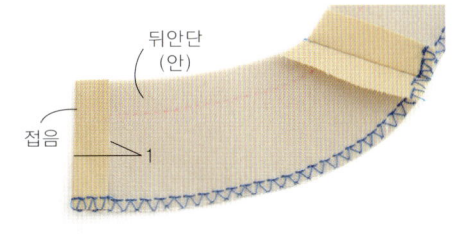

①뒤안단의 뒷중심쪽 시접을 1cm 접는다.

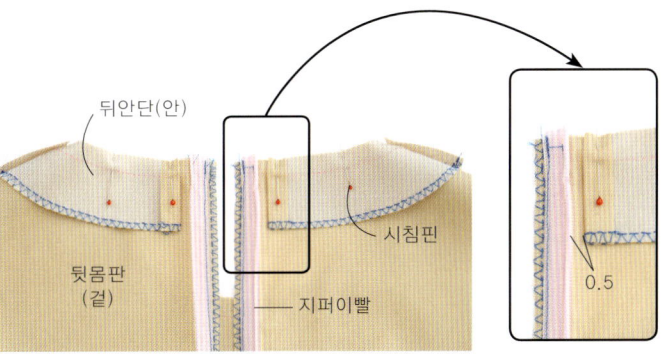

②안단과 몸판을 겉끼리 맞대어 시침핀으로 고정한다.

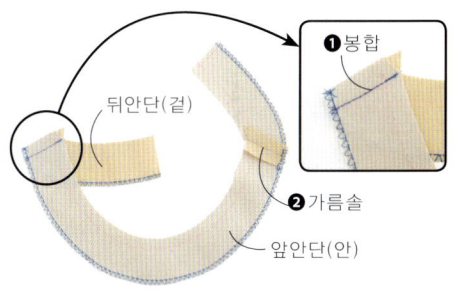

35

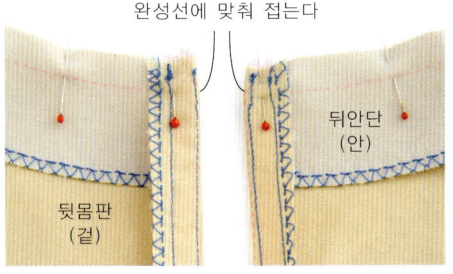

완성선에 맞춰 접는다

뒤안단
(안)

뒷몸판
(겉)

③콘실지퍼가 달린 시접을 완성선에 맞춰 겉쪽으로 접는다.

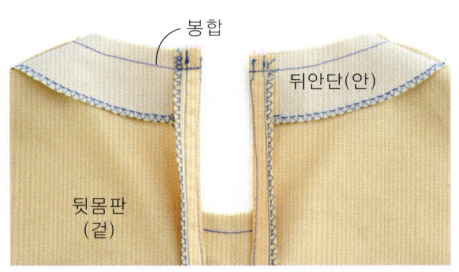

봉합

뒤안단(안)

뒷몸판
(겉)

④목둘레를 봉합한다.

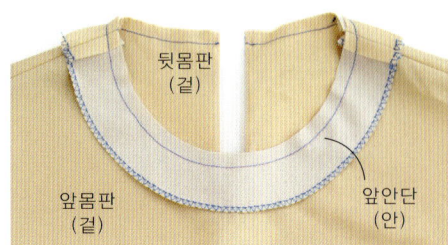

뒷몸판
(겉)

앞몸판
(겉)

앞안단
(안)

〈봉합한 모습〉

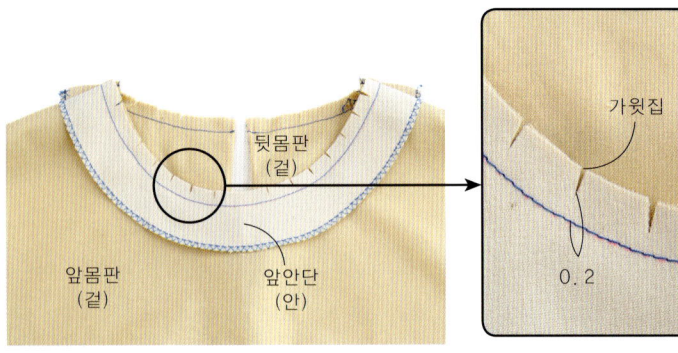

뒷몸판
(겉)

앞몸판
(겉)

앞안단
(안)

가윗집

0.2

⑤곡진 부분에 가윗집을 준다.

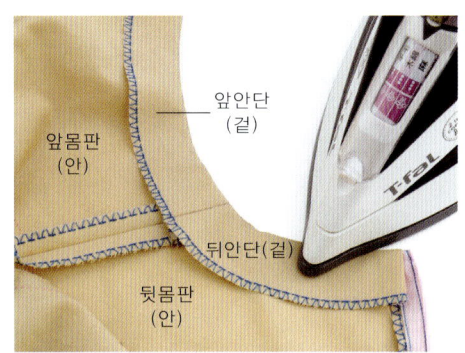

앞안단
(겉)

앞몸판
(안)

뒤안단(겉)

뒷몸판
(안)

⑥안단을 몸판의 안쪽으로 넘긴다.

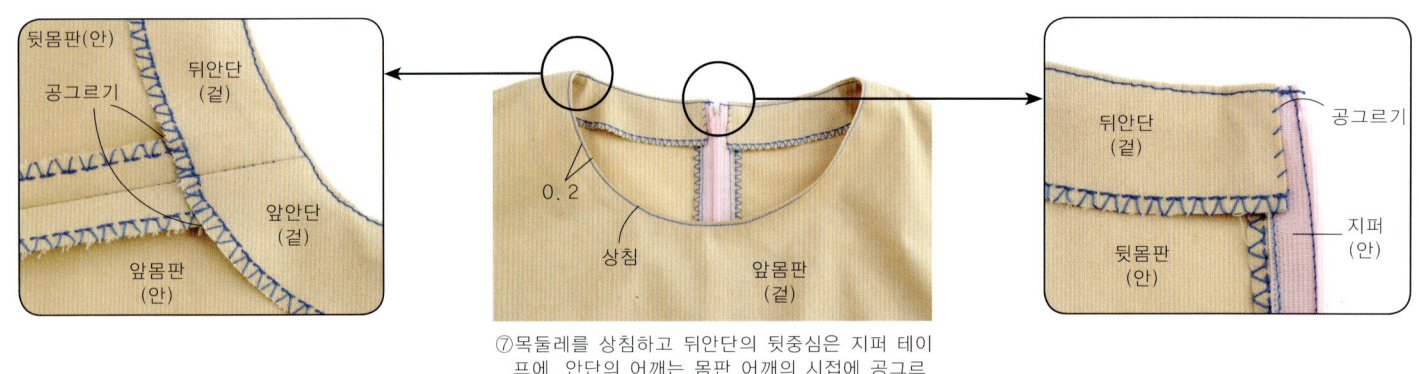

뒷몸판(안)

뒤안단
(겉)

공그르기

앞안단
(겉)

앞몸판
(안)

0.2

상침

앞몸판
(겉)

뒤안단
(겉)

공그르기

지퍼
(안)

뒷몸판
(안)

⑦목둘레를 상침하고 뒤안단의 뒷중심은 지퍼 테이프에, 안단의 어깨는 몸판 어깨의 시접에 공그르기한다.

6. 몸판의 옆선을 봉합한다

①앞·뒤몸판을 겉끼리 맞대어 옆선을 봉합한다.

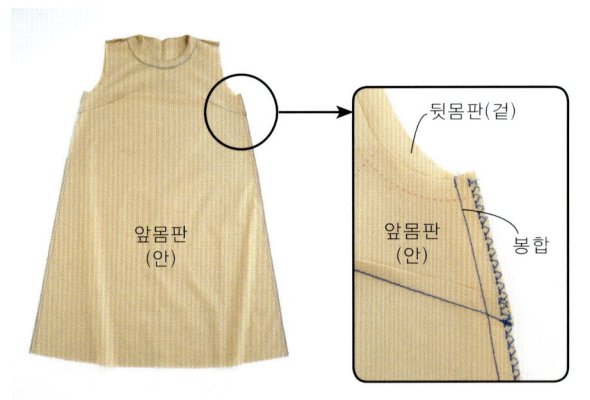

앞몸판
(안)

뒷몸판(겉)

앞몸판
(안)

봉합

앞몸판
(안)

뒷몸판
(안)

가름솔

②시접을 가름솔한다.

7. 몸판의 밑단을 정리한다

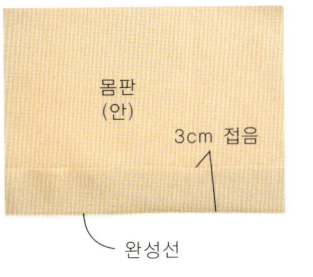

완성선
몸판 (안)
3cm 접음

①밑단을 완성선에 맞춰 접는다.

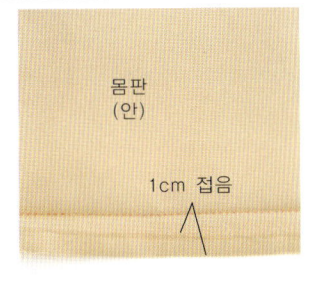

몸판 (안)
1cm 접음

②①번을 펼치고 밑단 시접을 1cm 접는다.

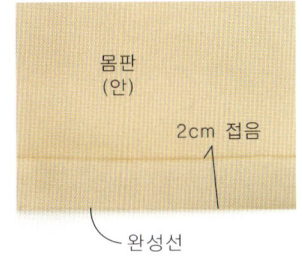

몸판 (안)
완성선
2cm 접음

③완성선에 맞춰 다시 접는다.

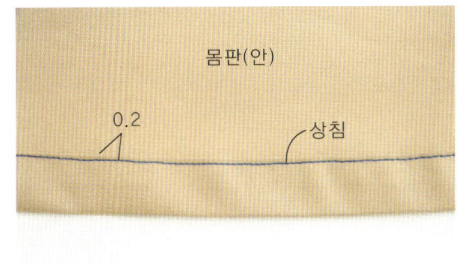

몸판(안)
0.2
상침

④몸판의 밑단을 상침한다.

8. 소매를 만든다

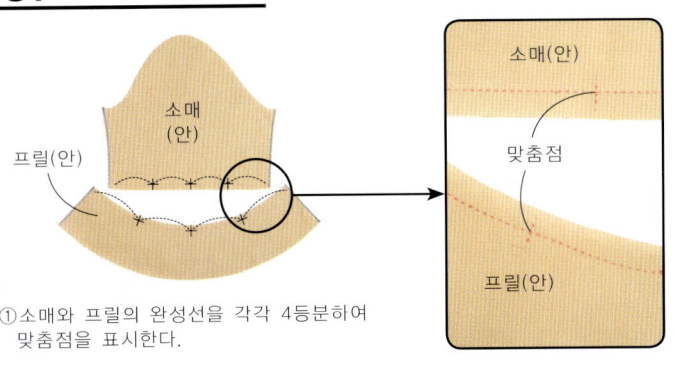

프릴(안)
소매 (안)
소매(안)
맞춤점
프릴(안)

①소매와 프릴의 완성선을 각각 4등분하여 맞춤점을 표시한다.

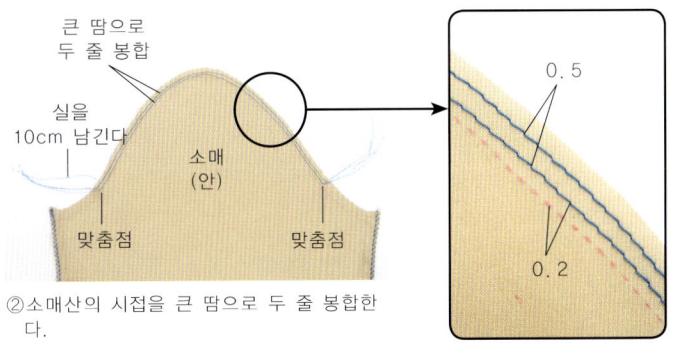

큰 땀으로 두 줄 봉합
실을 10cm 남긴다
소매 (안)
맞춤점
맞춤점
0.5
0.2

②소매산의 시접을 큰 땀으로 두 줄 봉합한다.

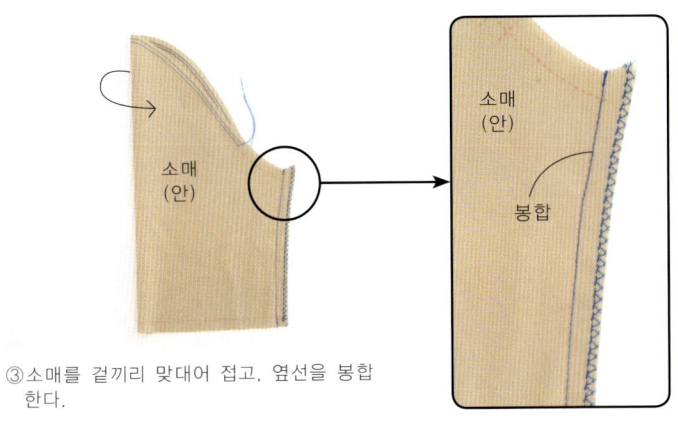

소매 (안)
소매 (안)
봉합

③소매를 겉끼리 맞대어 접고, 옆선을 봉합한다.

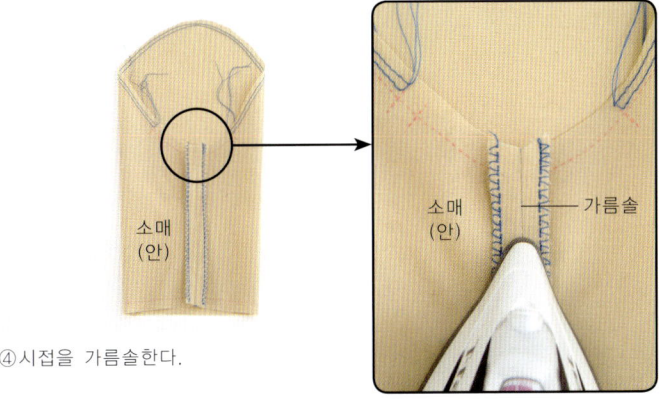

소매 (안)
소매 (안)
가름솔

④시접을 가름솔한다.

9. 프릴을 만든다

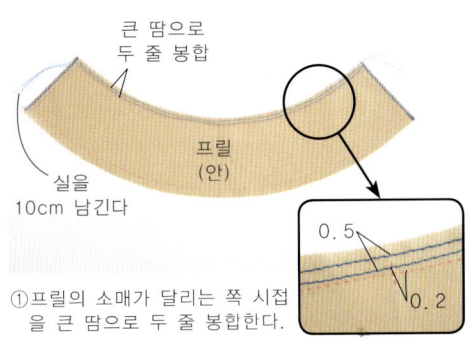

큰 땀으로 두 줄 봉합
프릴 (안)
실을 10cm 남긴다
0.5
0.2

①프릴의 소매가 달리는 쪽 시접을 큰 땀으로 두 줄 봉합한다.

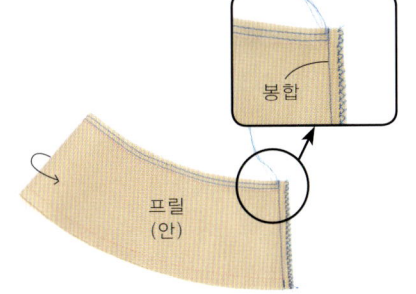

봉합
프릴 (안)

②프릴을 겉끼리 맞대어 접고, 옆선을 봉합한다.

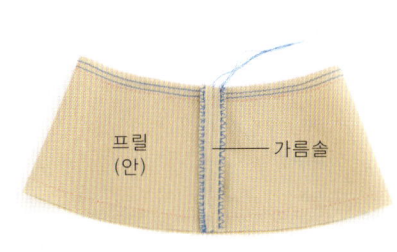

프릴 (안)
가름솔

③시접을 가름솔한다.

37

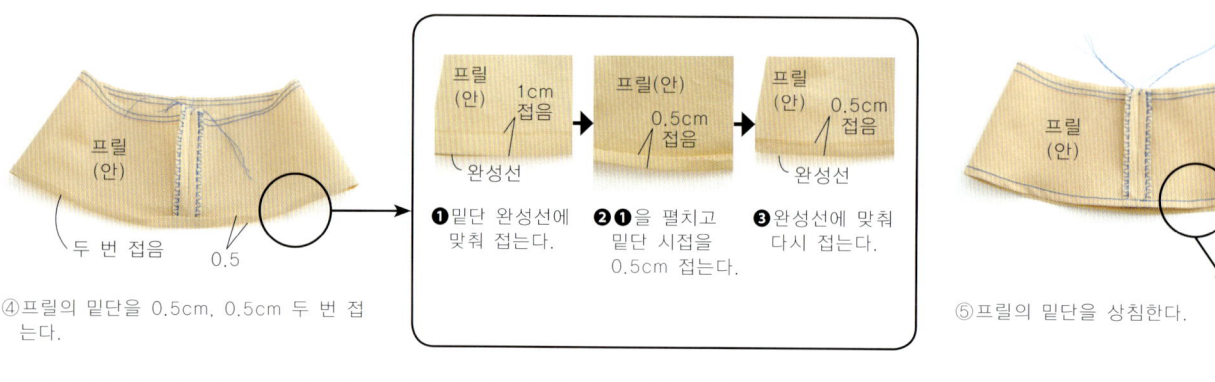

④프릴의 밑단을 0.5cm, 0.5cm 두 번 접는다.

프릴
(안)

완성선

1cm
접음

❶밑단 완성선에 맞춰 접는다.

프릴(안)

0.5cm
접음

❷❶을 펼치고 밑단 시접을 0.5cm 접는다.

프릴
(안)

0.5cm
접음

완성선

❸완성선에 맞춰 다시 접는다.

두 번 접음

0.5

프릴
(안)

0.1   상침

⑤프릴의 밑단을 상침한다.

10. 소매와 프릴을 봉합한다

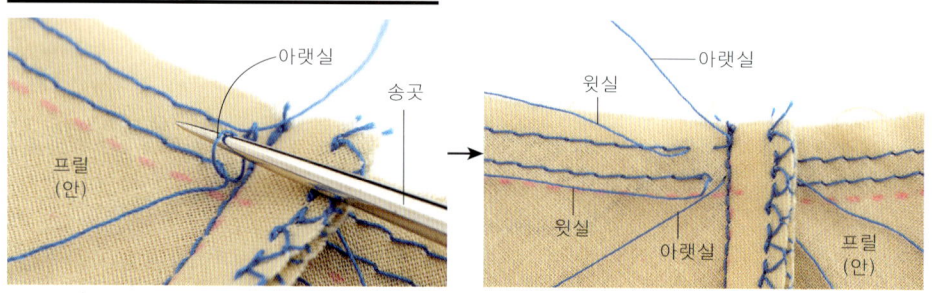

프릴
(안)

아랫실

송곳

①큰 땀으로 봉합한 아랫실을 안쪽으로 꺼낸다.

윗실

아랫실

윗실

아랫실

프릴
(안)

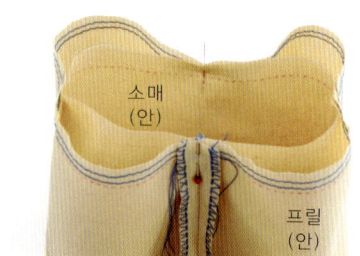

소매
(안)

프릴
(안)

②소매와 프릴을 겉끼리 맞대고, 옆선 맞춤점을 맞춰 시침핀으로 고정한다.

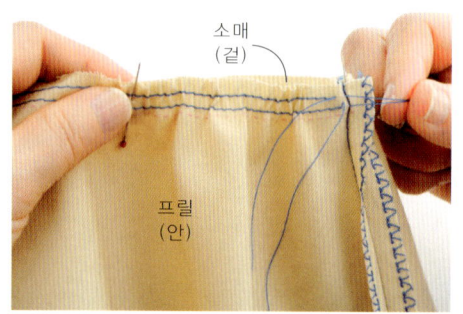

소매
(겉)

프릴
(안)

③프릴의 큰 땀으로 봉합한 아랫실을 2줄 함께 잡아당겨 소매 밑단의 길이에 맞춰 주름을 잡는다.

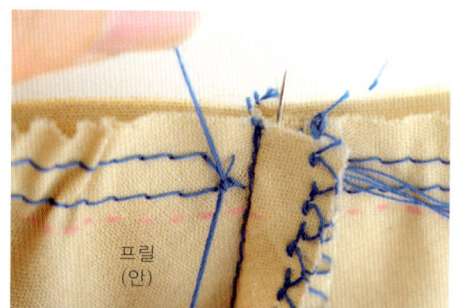

프릴
(안)

④실 2줄을 함께 묶는다.

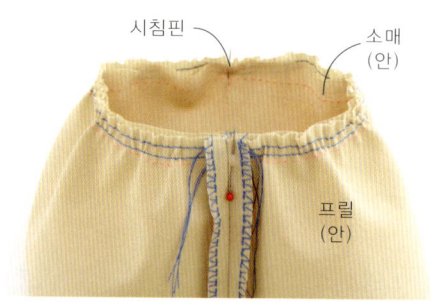

시침핀

소매
(안)

프릴
(안)

〈프릴에 주름을 잡아 소매에 시침한 모습〉

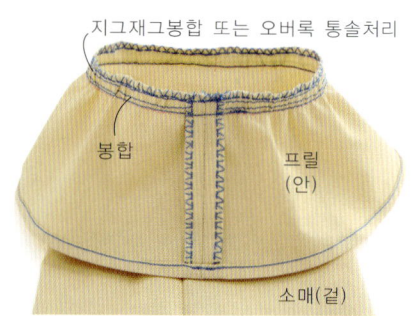

지그재그봉합 또는 오버록 통솔처리

봉합

프릴
(안)

소매(겉)

⑤완성선을 봉합하고, 시접을 지그재그봉합 또는 오버록 통솔처리한다.

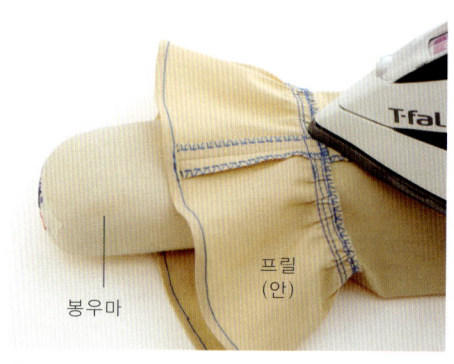

봉우마

프릴
(안)

T-fal

⑥다리미로 시접을 소매쪽으로 넘긴다.
(봉우마를 이용하면 편리하다)

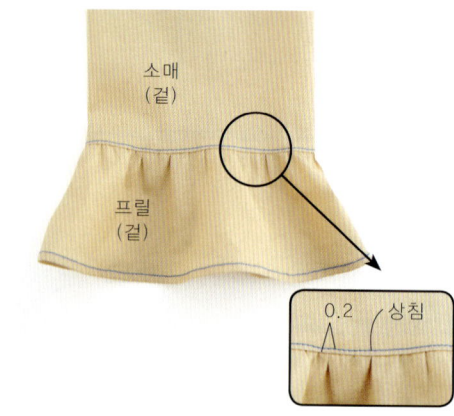

소매
(겉)

프릴
(겉)

0.2   상침

11. 소매산에 오그림을 준다

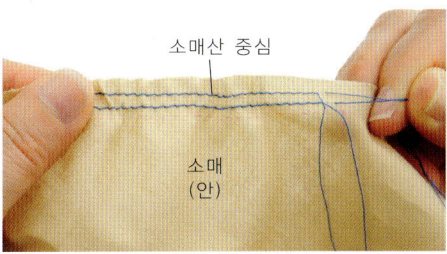

① 큰 땀으로 봉합한 아랫실을 안쪽으로 꺼낸다. 아랫실을 2줄 함께 잡아당겨 몸판 암홀둘레의 길이에 맞춰 주름을 잡는다.

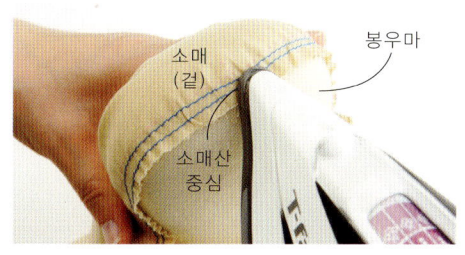

② 봉우마에 소매산을 씌우고 다리미로 시접의 주름을 누른다.

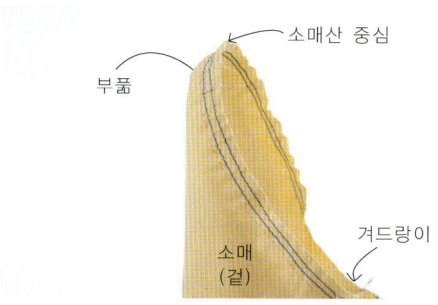

〈오그림이 들어간 상태〉
소매쪽에 주름을 없애고, 어깨를 봉긋하게 만든다.

12. 몸판에 소매를 단다

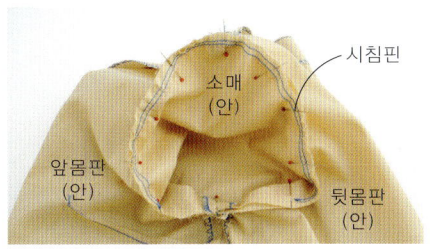

① 몸판과 소매를 겉끼리 맞대고 소매산, 소매아래 맞춤점을 맞춰 시침핀으로 고정한다.

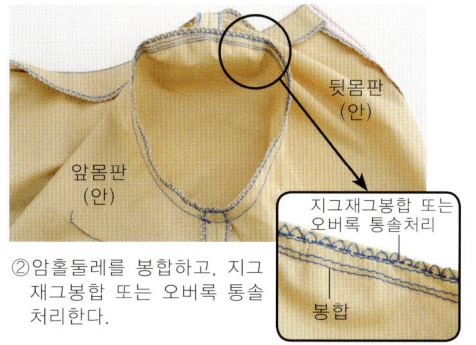

② 암홀둘레를 봉합하고, 지그재그봉합 또는 오버록 통솔처리한다.

지그재그봉합 또는 오버록 통솔처리

봉합

③ 시접을 소매쪽으로 넘긴다.

13. 걸고리를 단다

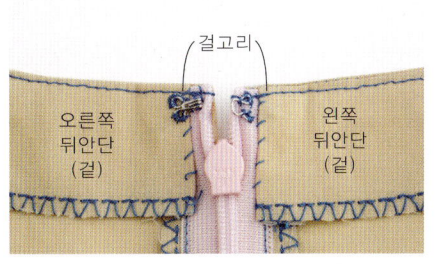

① 뒷몸판에 걸고리를 단다.

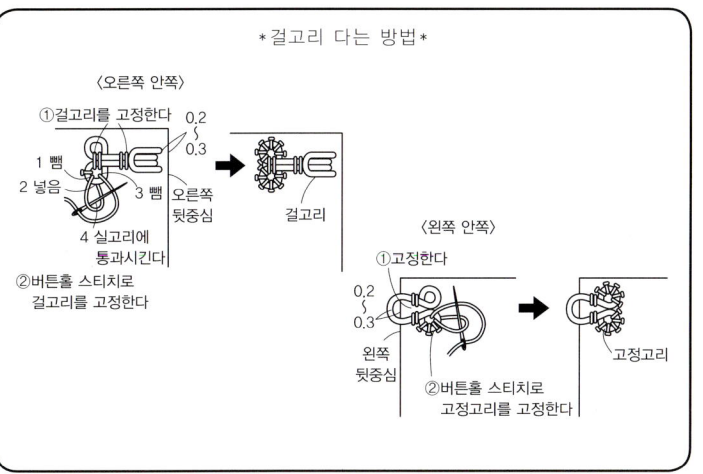

걸고리 다는 방법

〈오른쪽 안쪽〉

① 걸고리를 고정한다
0.2
0.3
1 뺌
2 넣음
3 뺌
오른쪽 뒷중심
걸고리
4 실고리에 통과시킨다
② 버튼홀 스티치로 걸고리를 고정한다

〈왼쪽 안쪽〉
① 고정한다
0.2
0.3
왼쪽 뒷중심
고정고리
② 버튼홀 스티치로 고정고리를 고정한다

14. 완성

Front style

Back style

39

원단에 대해서

서적의 수록된 작품에 사용한 원단의 일부를 소개합니다.
원하는 원단으로 나만의 원피스를 만들어 보세요.

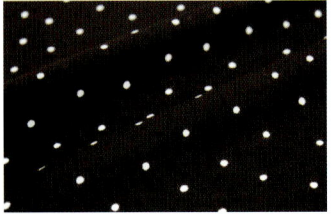

80수 아사(론)
부드럽고 봉합하기 편한 얇은 코튼 소재. 가는 실로 짜여져 있는 원단일수록 숫자가 커집니다.

타이프라이터
얇고 가벼워 당김과 탄성이 있는 질감이 특징. 섬유가 조밀하게 짜여있어 시원하고 착용감이 좋은 원단입니다.

수직실크
가로실에 쌍고치실을 사용해서 원단면에 불규칙한 이음매(마디)를 표현한 직물. 가볍고 당김이 있어 겉면은 광이 적고, 안쪽면은 광택이 있는 새틴짜임입니다.

오토만
가로(씨실)에 굵은 고랑이 있는 두꺼운 직물. 파이유, 그로그랭, 오토만 순으로 고랑폭이 넓어집니다.

소프트 스트레치 조젯
부드럽고 매끈함이 있는 얇은 소재. 주름이 잘 생기지 않고 드레이프성이 뛰어납니다.

글렌체크(울)
격자무늬와 헤어라인 체크 등의 잔격자를 매치한 무늬. 클래식한 분위기가 완성됩니다.

라셀 레이스
무늬 부분에 코튼 코드실을 사용한 요철감이 특징인 다소 얇은 라셀레이스. 기하학적인 옵티컬 무늬가 매력적입니다.

워싱 트윌
매끈함이 있는 드라이한 촉감과 드레이프감을 겸비한 다소 얇은 소재. 빈티지 워싱가공으로 고급스러움이 감돕니다.

라메 트위드
라메가 섞인 실을 가로 세로로 교차시킨 원단. 원피스에는 비교적 조밀하게 짜여진 원단이 적합합니다.

분또
형태감이 좋고 겉면의 요철감이 특징인 적당히 탄성이 좋은 니트.

쉬폰
평직의 원단 안에 극히 얇고 부드러워 안감이 비치는 소재. 원피스에 사용할 때는 페티원피스와 매치해 입어주세요.

도트 샤
작은 도트무늬가 귀여운 샤. 육각형 모양으로 이루어진 얇고 부드러운 촉감의 레이스로 원단의 끝처리 없이 사용할 수 있습니다.

실과 바늘의 선택

얇은 원단 조젯, 론, 쉬폰 등	가정용 미싱바늘 9호 (얇은 원단용)	파인 프라임 소잉전용실 (53수 2합)
보통 원단 브로드, 레이원단, 태피터 등	가정용 미싱바늘 11호 (보통 원단용)	프라임 소잉전용실 (45수 2합)
두꺼운 원단 데님, 옥스퍼드 등	가정용 미싱바늘 14호 (두꺼운 원단용)	스티치 프라임 소잉전용실 (29수 3합)

채촌 치수

이 책에 수록되어 있는 작품의 완성 사이즈는 아래 그림의 치수에 따라서 표시되어 있습니다.

사이즈표 (채촌 치수)

(단위:cm)

항목	사이즈	S	M	L
둘레	가슴둘레	80	84	88
	허리둘레	62	66	70
	엉덩이둘레	86	90	94
길이	등길이	37	38	39
	허리길이	18	20	21
	밑위길이	25	26	27
	밑아래길이	62	65	68
	소매길이	51	52	53
	키	153	158	163

제도 기호

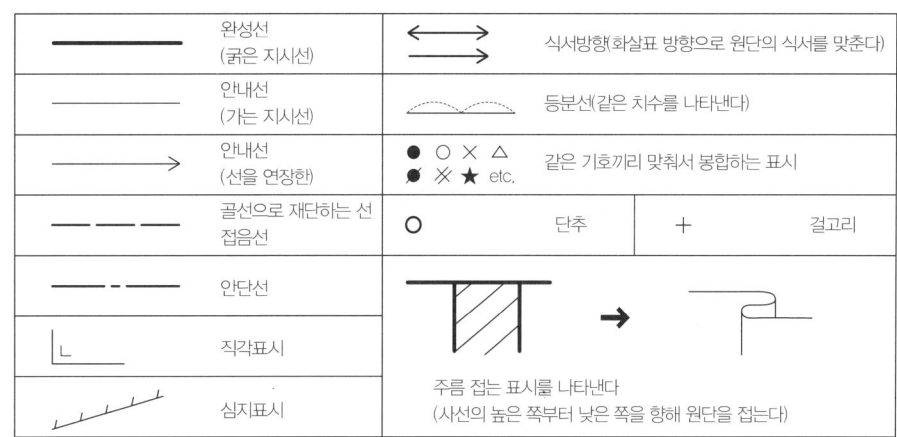

——————	완성선 (굵은 지시선)	⟷	식서방향(화살표 방향으로 원단의 식서를 맞춘다)
————	안내선 (가는 지시선)	⌒⌒	등분선(같은 치수를 나타낸다)
——→	안내선 (선을 연장한)	● ○ ✕ △ ◑ ✕ ★ etc.	같은 기호끼리 맞춰서 봉합하는 표시
— — —	골선으로 재단하는 선 접음선	○ 단추	＋ 걸고리
— · · —	안단선		
└	직각표시		
⁄⁄⁄⁄⁄	심지표시	주름 접는 표시를 나타낸다 (사선의 높은 쪽부터 낮은 쪽을 향해 원단을 접는다)

재단배치도 보는 방법

서적의 실물크기 패턴에는 시접이 포함되어 있지 않습니다. 제작 방법 페이지와 [재단배치도]를 참고하여 시접을 더해주고, 원단을 재단합니다.

※패턴이 수록되지 않은 직선 패턴은 직접 원단의 겉쪽 면에 선을 그려서 재단합니다.

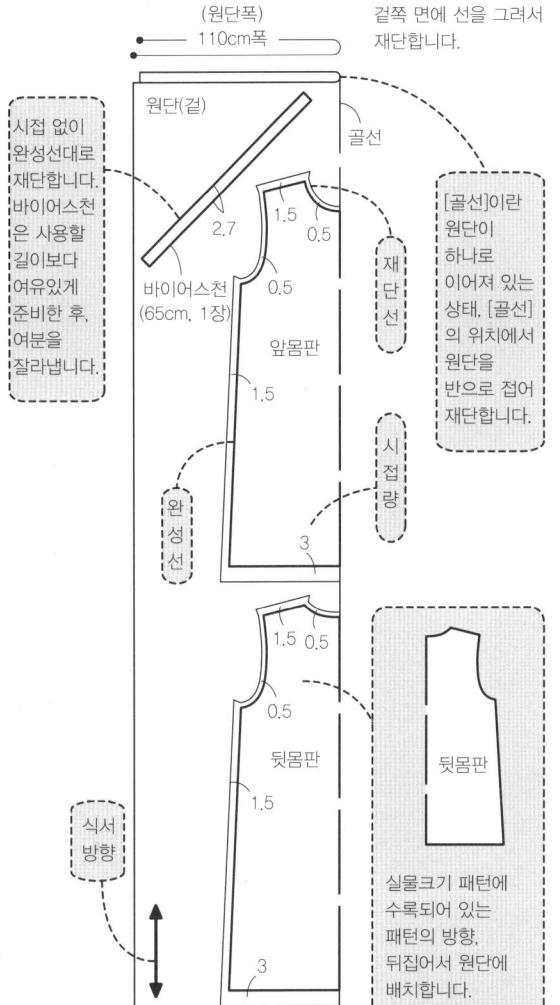

(원단폭)
110cm폭

원단(겉)
골선

시접 없이 완성선대로 재단합니다. 바이어스천은 사용할 길이보다 여유있게 준비한 후, 여분을 잘라냅니다.

[골선]이란 원단이 하나로 이어져 있는 상태. [골선]의 위치에서 원단을 반으로 접어 재단합니다.

바이어스천 (65cm, 1장)
앞몸판
2.7 1.5 0.5
0.5
1.5
3

재단선
시접량
완성선
식서방향

뒷몸판
1.5 0.5
0.5
1.5
3

뒷몸판

실물크기 패턴에 수록되어 있는 패턴의 방향. 뒤집어서 원단에 배치합니다.

완성선 그리는 방법

①2장 함께 재단한 경우

원단사이(안쪽면)에 양면 초크페이퍼를 끼우고 완성선을 소프트룰렛으로 따라 그립니다. 맞춤점과 주머니 다는 위치도 잊지 않고 표시해주세요.

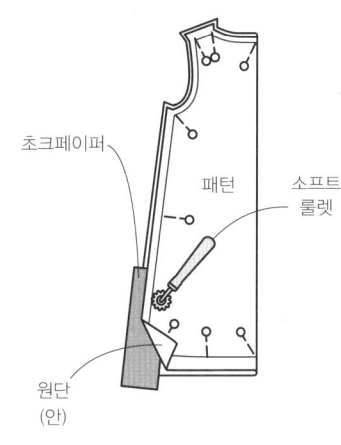

초크페이퍼
패턴
소프트 룰렛
원단 (안)

②1장으로 재단한 경우

원단의 안쪽 면과 단면 초크페이퍼의 초크가 묻은 면을 맞대고, 완성선을 소프트룰렛으로 따라 그립니다.

접착심(소잉심지) 붙이는 방법

다리미는 문지르지 않고 절반씩 겹쳐, 빈틈이 생기지 않도록 꾹꾹 눌러가면서 접착심(소잉심지)을 붙입니다.

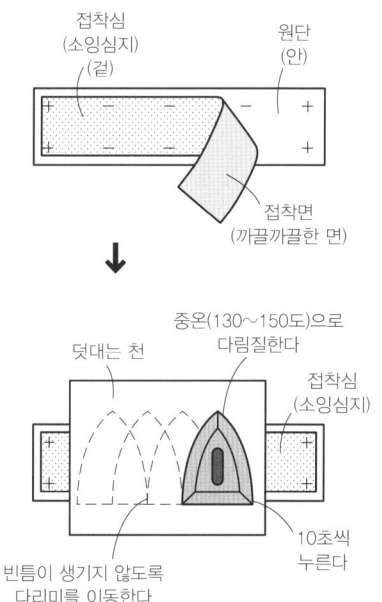

접착심 (소잉심지)(겉)
원단 (안)
접착면 (까끌까끌한 면)

중온(130~150도)으로 다림질한다
덧대는 천
접착심 (소잉심지)
빈틈이 생기지 않도록 다리미를 이동한다
10초씩 누른다

봉합하는 방법

봉합의 시작과 끝은 올이 풀리지 않도록 되돌아박기 합니다. 되돌아박기는 같은 바늘땀 위를 2~3회 겹쳐서 봉합합니다.

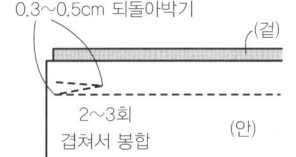

0.3~0.5cm 되돌아박기
(겉)
2~3회 겹쳐서 봉합
(안)

스냅단추 다는 방법

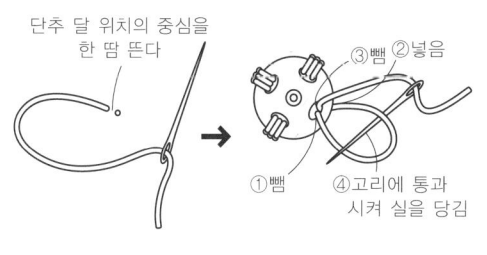

단추 달 위치의 중심을 한 땀 뜬다

③뺌 ②넣음
①뺌
④고리에 통과시켜 실을 당김

Dress1 (P.2)

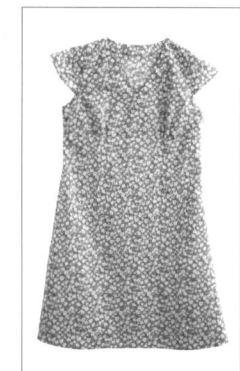

Dress2 (P.3)

재료

Dress1 겉감(새틴 워시) ····· 142cm폭 x 200cm(S) / 210cm(M) / 220cm(L)

Dress2 겉감(80수 아사 론) ····· 104cm폭 x 230cm(S) / 240cm(M) / 250cm(L)

접착심(소잉심지) ····· 112cm폭 x 30cm

콘실지퍼 ····· 60cm길이 1개

걸고리(소) ····· 1쌍

패턴에 대해서

◆ 실물크기 패턴 : B면 2번 패턴을 사용합니다.

◆ 사용 패턴 : 앞윗몸판, 앞아랫몸판, 뒷몸판, 앞 · 뒤안단, 앞 · 뒤소매안단, 소매(Dress2)

* 실물크기 패턴에서 몸판과 안단은 각각 베껴 사용합니다.

◆ 패턴 수정하는 방법

* Dress1은 B면 2번 패턴에서 몸판 길이를 길게 수정하여 사용합니다.

완성 사이즈

단위: cm

사이즈	S	M	L
Dress1 길이	101	106	110
Dress2 길이	91.5	96	99.5
가슴둘레	95	99	103

3단으로 분리된 숫자는
S 사이즈
M사이즈
L 사이즈
1개만 작성된 숫자는 공통

만드는 순서 (공통)

= 패턴

Dress2 소매

뒤   앞

0.4

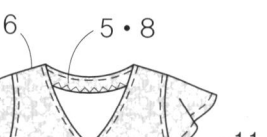

Dress2

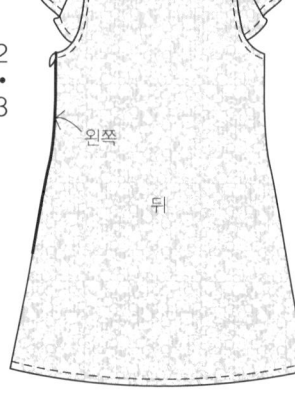

왼쪽

뒤

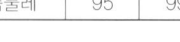

접착심
(소잉심지)

접착심(소잉심지)   소매
Dress2

0.2

0.2

뒤안단선

Dress2
소매다는 끝점

걸고리
(왼쪽만)

뒷소매
안단선

뒷몸판

뒷중심
(골선)

Dress2   0.8

9.5
10
10.5

Dress2

앞안단선

Dress2
소매다는
끝점

0.2   0.2

앞윗몸판

앞소매
안단선

앞중심
(골선)

주름 잡는 곳

주름 끝점

앞아랫
몸판

앞중심
(골선)

트임끝점
(왼쪽만)

Dress2   0.8

9.5
10
10.5

Dress2

Dress2

9.5
10
10.5

Dress1
공그르기

Dress1

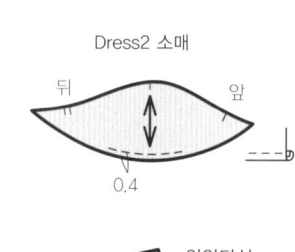

6   5 · 8

7 · 9

10   11

1

2
·
3

앞

4

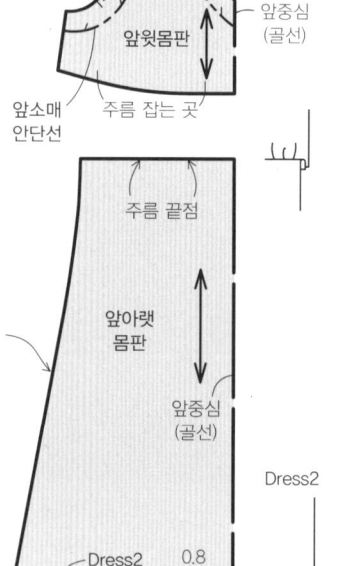

Dress1

앞

왼쪽

뒤

(안)
공그르기

42

1 앞윗몸판과 앞아랫몸판을 봉합한다

◆준비◆
①앞·뒤안단, 앞·뒤소매안단에 접착심
  (소잉심지)을 붙인다
②앞윗몸판의 어깨와 옆선, 앞아랫몸판의
  옆선, 뒷몸판의 어깨와 옆선, 앞·뒤안단의
  바깥둘레, 앞·뒤안단소매의 바깥둘레에
  지그재그봉제 또는 오버록 처리한다

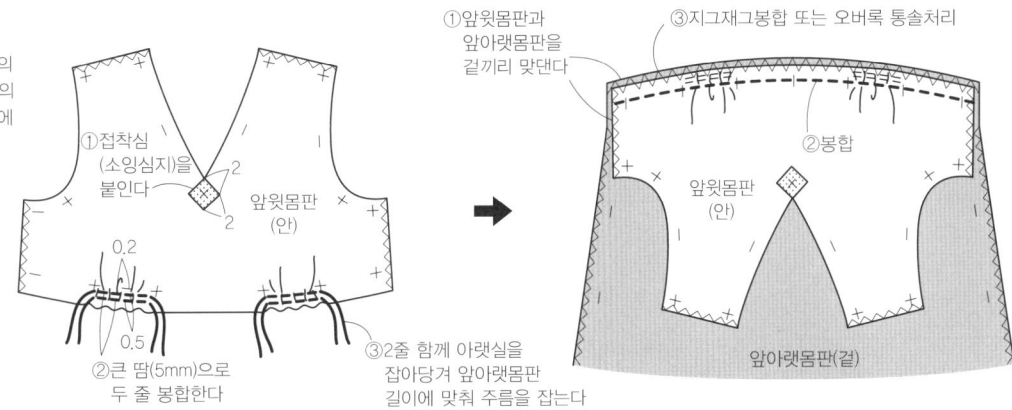

①접착심
 (소잉심지)을
 붙인다

앞윗몸판
(안)

0.2

0.5

②큰 땀(5mm)으로
 두 줄 봉합한다

③2줄 함께 아랫실을
 잡아당겨 앞아랫몸판
 길이에 맞춰 주름을 잡는다

①앞윗몸판과
 앞아랫몸판을
 겉끼리 맞댄다

③지그재그봉합 또는 오버록 통솔처리

②봉합

앞윗몸판
(안)

앞아랫몸판(겉)

앞윗몸판
(안)

①시접을
 앞아랫몸판
 쪽으로
 넘긴다

앞아랫몸판(안)

2 몸판의 왼쪽 옆선을 봉합한다
  (P.32/2 참고)

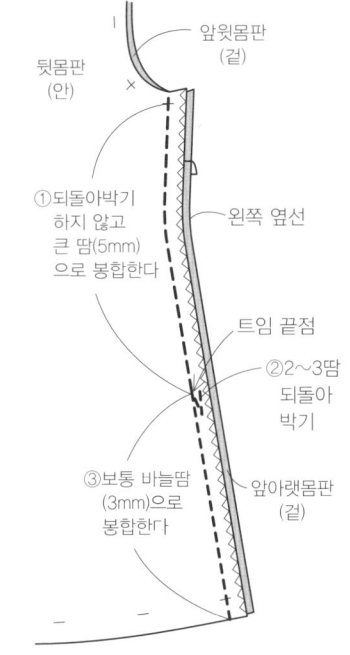

뒷몸판
(안)

앞윗몸판
(겉)

①되돌아박기
 하지 않고
 큰 땀(5mm)
 으로 봉합한다

왼쪽 옆선

트임 끝점

②2~3땀
 되돌아
 박기

③보통 바늘땀
 (3mm)으로
 봉합한다

앞아랫몸판
(겉)

3 콘실지퍼를 단다(P.33/3 참고)

Dress1 재단배치도

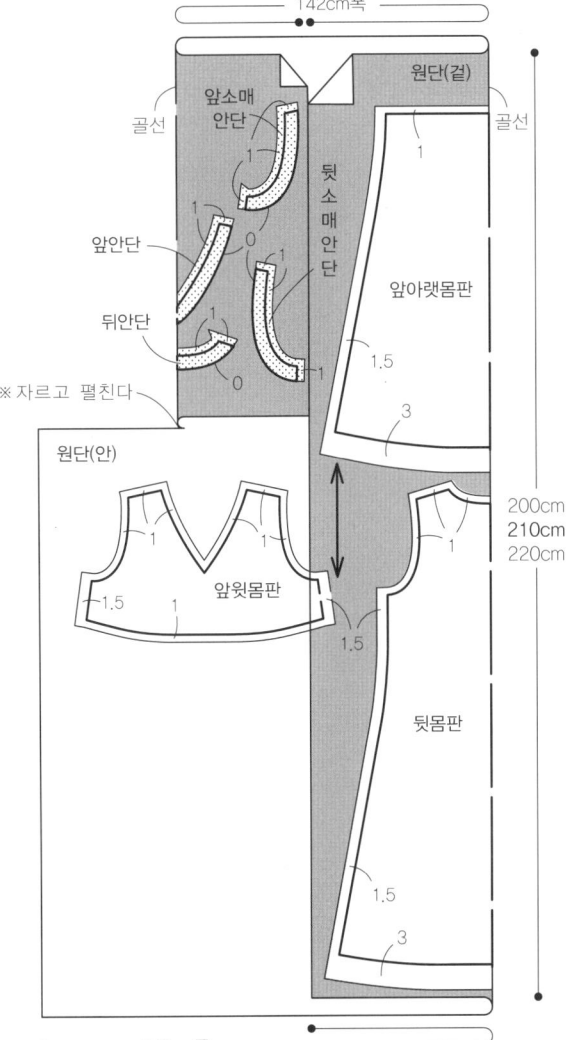

142cm폭

원단(겉)

앞소매
안단

골선

뒷소매
안단

골선

앞안단

뒤안단

앞아랫몸판

1

1.5

3

※자르고 펼친다

원단(안)

앞윗몸판

1.5

1

뒷몸판

1.5

3

142cm폭

200cm
210cm
220cm

Dress2 재단배치도

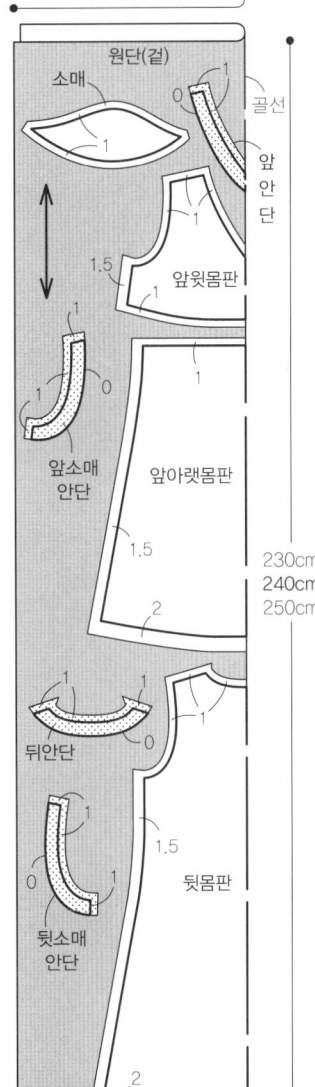

104cm폭

원단(겉)

소매

골선

앞
안
단

앞윗몸판

1.5

앞소매
안단

앞아랫몸판

1.5

뒤안단

뒷몸판

1.5

뒷소매
안단

2

230cm
240cm
250cm

▨ = 접착심(소잉심지)을 붙인다

4 몸판의 오른쪽 옆선을 봉합하고, 밑단을 정리한다

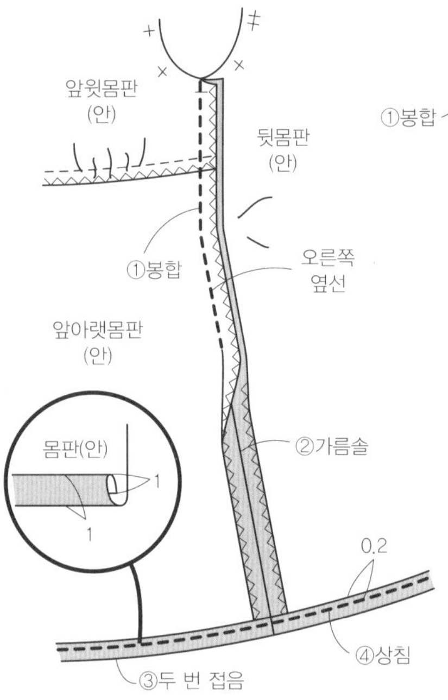

앞윗몸판
(안)

뒷몸판
(안)

①봉합

오른쪽
옆선

앞아랫몸판
(안)

②가름솔

몸판(안)

1

1

③두 번 접음

0.2

④상침

5 안단을 만든다

뒤안단(안)

접착심
(소잉심지)

①봉합

②가름솔

앞안단(안)

오른쪽
뒷소매
안단(겉)

①봉합

오른쪽
앞소매
안단(안)

접착심
(소잉심지)

②가름솔

②1.5cm
접음

왼쪽 뒷소매
안단(안)

접착심
(소잉심지)

①봉합하고
시접 가름솔

왼쪽 앞소매
안단(안)

②1.5cm
접음

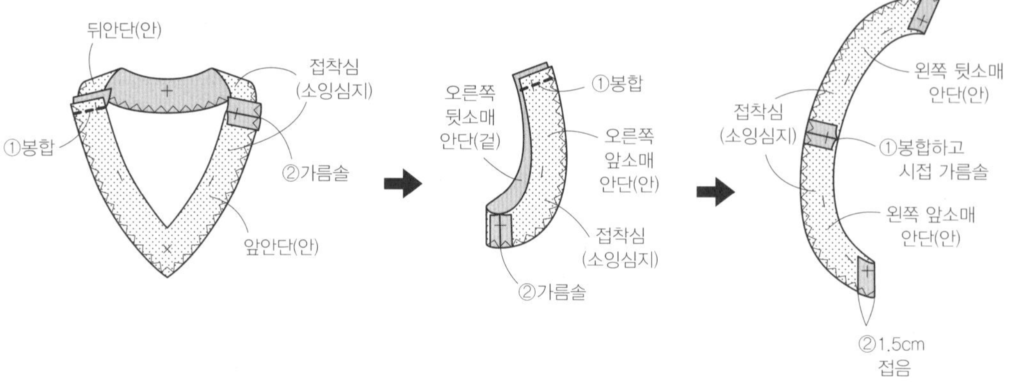

6 몸판의 어깨를 봉합한다

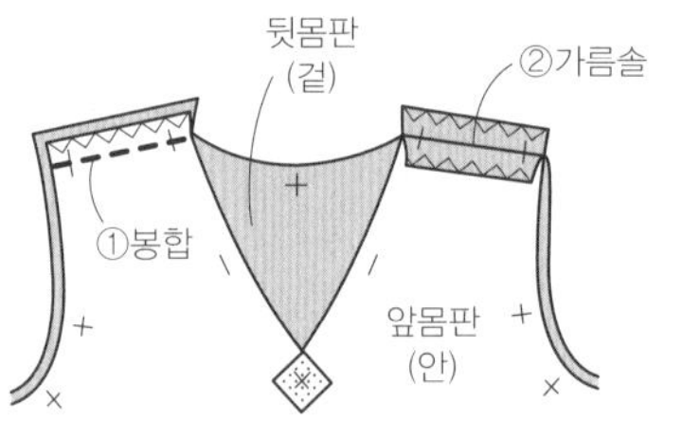

뒷몸판
(겉)

②가름솔

①봉합

앞몸판
(안)

7 소매를 만든다(Dress2)

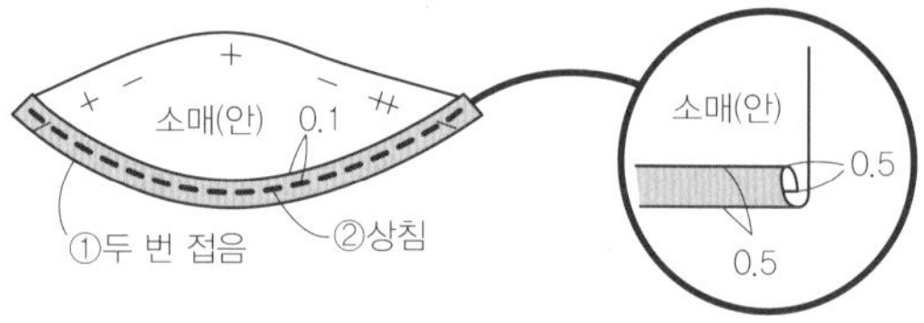

소매(안)

0.1

①두 번 접음

②상침

소매(안)

0.5

0.5

※Dress1은 밑단을 완성선에 맞춰 접고 공그르기한다

8 몸판에 안단을 단다

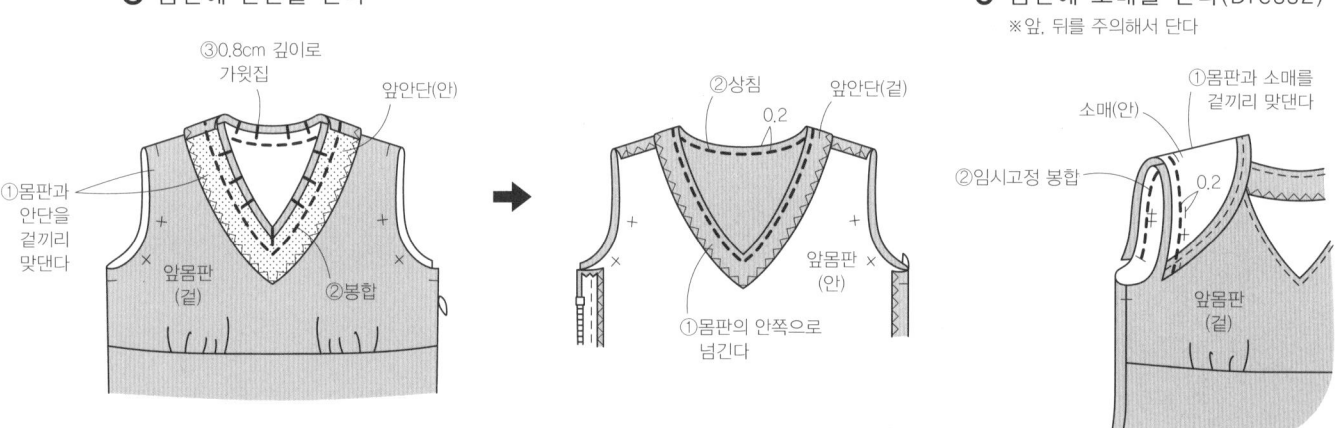

③0.8cm 깊이로
가윗집

앞안단(안)

①몸판과
안단을
겉끼리
맞댄다

앞몸판
(겉)

②봉합

②상침

0.2

앞안단(겉)

앞몸판
(안)

①몸판의 안쪽으로
넘긴다

9 몸판에 소매를 단다(Dress2)
※앞, 뒤를 주의해서 단다

소매(안)

①몸판과 소매를
겉끼리 맞댄다

②임시고정 봉합

0.2

앞몸판
(겉)

10 몸판에 소매안단을 단다

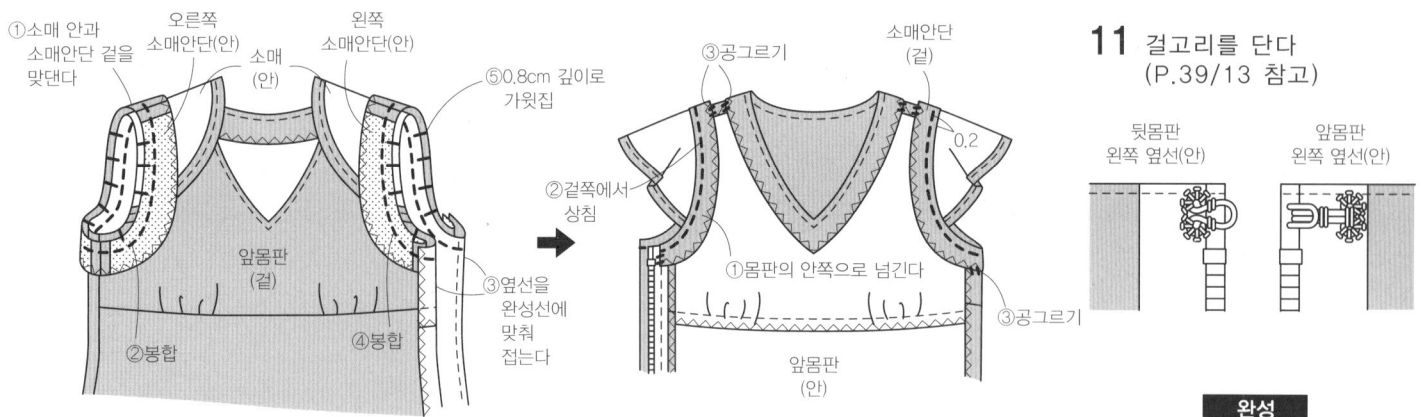

①소매 안과
소매안단 겉을
맞댄다

오른쪽
소매안단(안)

소매
(안)

왼쪽
소매안단(안)

⑤0.8cm 깊이로
가윗집

앞몸판
(겉)

②봉합

③옆선을
완성선에
맞춰
접는다

④봉합

③공그르기

소매안단
(겉)

0.2

②겉쪽에서
상침

①몸판의 안쪽으로 넘긴다

③공그르기

앞몸판
(안)

11 걸고리를 단다
(P.39/13 참고)

뒷몸판
왼쪽 옆선(안)

앞몸판
왼쪽 옆선(안)

완성

Dress5 (P.6)

재료

겉감(폴리에스테르 오토만) …… 110cm폭 x 290cm(S) / 300cm(M) / 310cm(L)

접착심(소잉심지) …… 112cm폭 x 50cm

콘실지퍼 …… 60cm길이 1개

걸고리(소) …… 1쌍

패턴에 대해서

◆실물크기 패턴 : B면 5번 패턴을 사용합니다.

◆사용 패턴 : 앞·뒤몸판, 앞·뒤안단, 앞·뒤스커트, 앞·뒤페플럼

* 실물크기 패턴에서 몸판과 안단, 오른쪽 뒷스커트와 왼쪽 뒷스커트는
  각각 베껴 사용합니다.

완성 사이즈

단위: cm

사이즈	S	M	L
옷길이	97.5	102.5	106.5
가슴둘레	93	97	101
허리둘레	74	78	82
엉덩이둘레	94	98	102

3단으로 분리된 숫자는
S 사이즈
M사이즈
L 사이즈
1개만 작성된 숫자는 공통

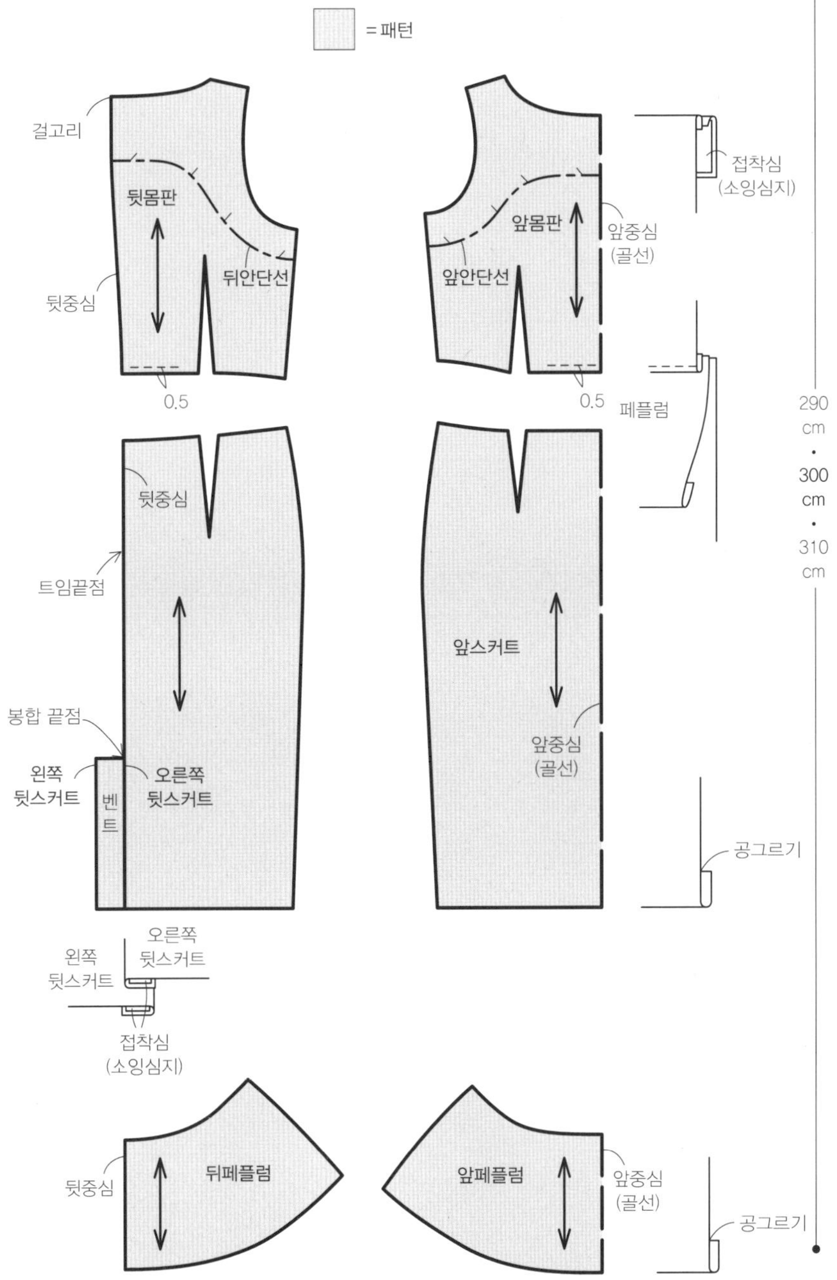

□ = 패턴

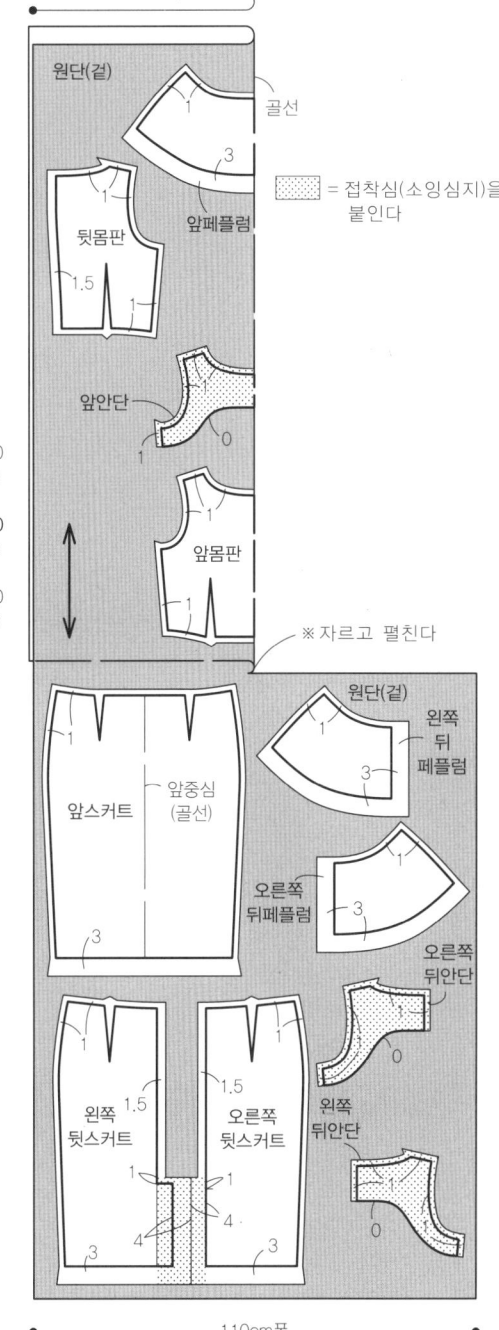

Dress5 재단배치도

110cm폭

원단(겉)

뒷몸판   1   골선   3
앞페플럼

▒ = 접착심(소잉심지)을 붙인다

뒷몸판   1.5   1

앞안단   1   0

앞몸판   1   1

290 cm · 300 cm · 310 cm

※자르고 펼친다

원단(겉)

앞스커트   1   앞중심 (골선)   3

왼쪽 뒤 페플럼   1   3

오른쪽 뒤페플럼   1   3

오른쪽 뒤안단   0

왼쪽 뒷스커트   1.5   오른쪽 뒷스커트   1.5

왼쪽 뒤안단   0

110cm폭

걸고리
뒷몸판
뒷중심
뒤안단선
0.5

앞몸판
앞안단선
앞중심 (골선)
0.5

접착심 (소잉심지)

페플럼

뒷중심
트임끝점
봉합 끝점
왼쪽 뒷스커트   벤트   오른쪽 뒷스커트

앞스커트
앞중심 (골선)

공그리기

왼쪽 뒷스커트   오른쪽 뒷스커트
접착심 (소잉심지)

뒷중심   뒤페플럼

앞페플럼   앞중심 (골선)

공그리기

45

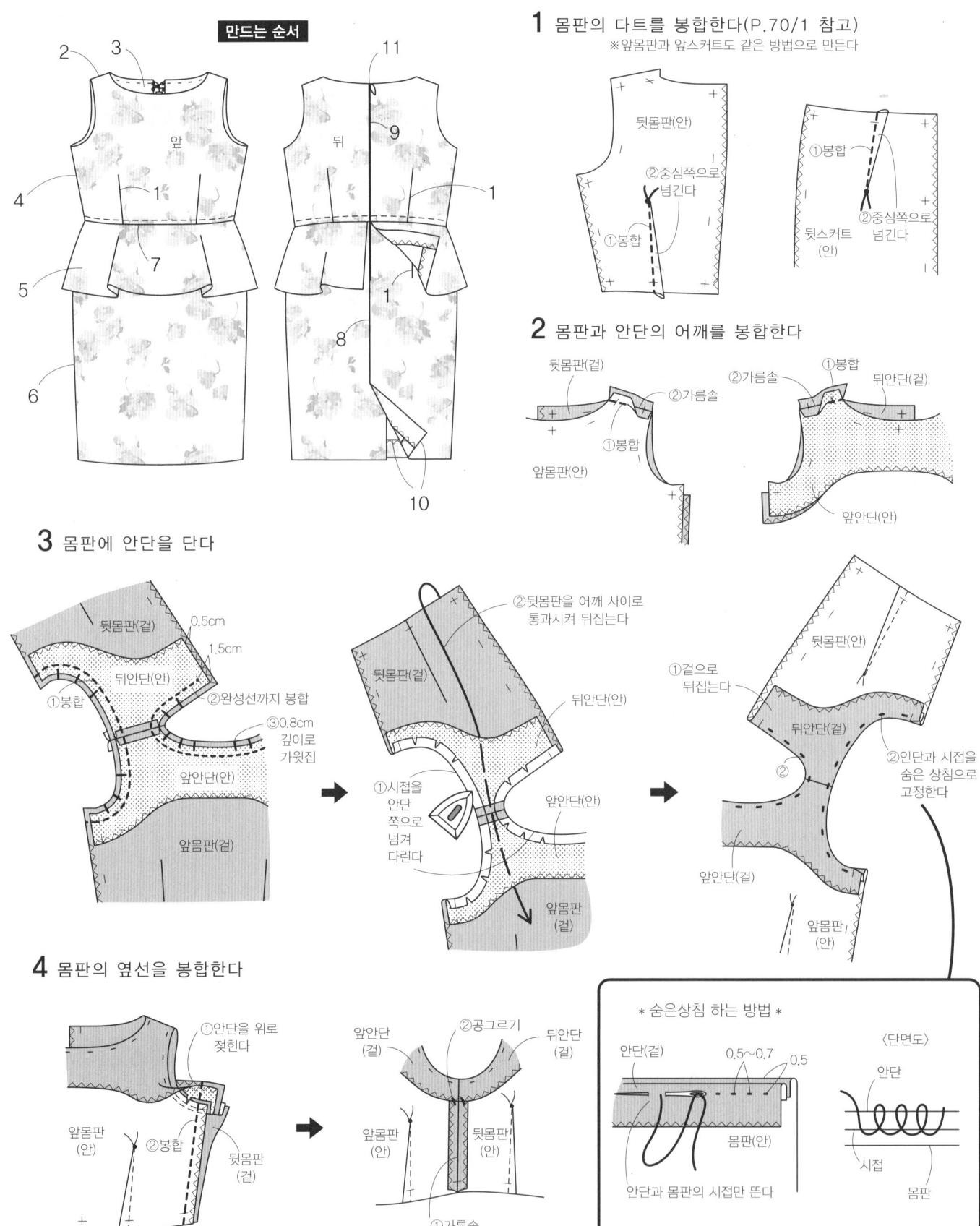

만드는 순서

1 **몸판의 다트를 봉합한다(P.70/1 참고)**
※앞몸판과 앞스커트도 같은 방법으로 만든다

뒷몸판(안)
①봉합
②중심쪽으로 넘긴다
①봉합

①봉합
뒷스커트 (안)
②중심쪽으로 넘긴다

2 **몸판과 안단의 어깨를 봉합한다**

뒷몸판(겉)
①봉합
②가름솔
앞몸판(안)

①봉합
②가름솔
뒤안단(겉)
앞안단(안)

3 **몸판에 안단을 단다**

뒷몸판(겉)
0.5cm
1.5cm
뒤안단(안)
①봉합
②완성선까지 봉합
③0.8cm 깊이로 가윗집
앞안단(안)
앞몸판(겉)

②뒷몸판을 어깨 사이로 통과시켜 뒤집는다
뒷몸판(겉)
뒤안단(안)
①시접을 안단 쪽으로 넘겨 다린다
앞안단(안)
앞몸판 (겉)

①겉으로 뒤집는다
뒷몸판(안)
뒤안단(겉)
②
②안단과 시접을 숨은 상침으로 고정한다
앞안단(겉)
앞몸판 (안)

4 **몸판의 옆선을 봉합한다**

①안단을 위로 젖힌다
앞몸판(안)
②봉합
뒷몸판(겉)

앞안단(겉)
②공그르기
뒤안단(겉)
앞몸판(안)
뒷몸판(안)
①가름솔

* 숨은상침 하는 방법 *
안단(겉)
0.5~0.7   0.5
몸판(안)
안단과 몸판의 시접만 뜬다

〈단면도〉
안단
시접
몸판

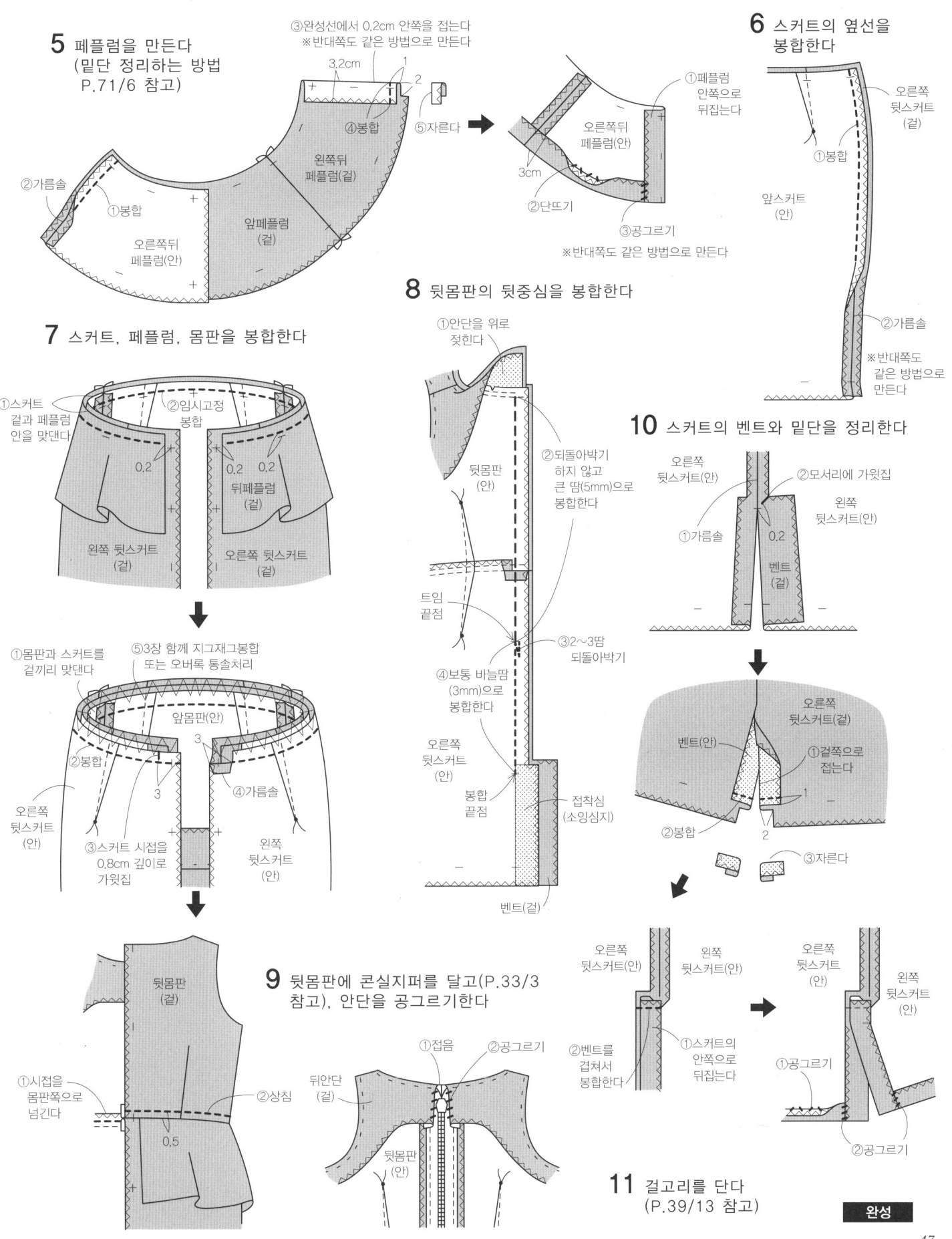

5 페플럼을 만든다
(밑단 정리하는 방법
P.71/6 참고)

③완성선에서 0.2cm 안쪽을 접는다
※반대쪽도 같은 방법으로 만든다

3.2cm

④봉합
⑤자른다

왼쪽뒤
페플럼(겉)

앞페플럼
(겉)

②가름솔
①봉합

오른쪽뒤
페플럼(안)

①페플럼
안쪽으로
뒤집는다

오른쪽뒤
페플럼(안)

3cm

②단뜨기

③공그르기

※반대쪽도 같은 방법으로 만든다

6 스커트의 옆선을
봉합한다

오른쪽
뒷스커트
(겉)

①봉합

앞스커트
(안)

②가름솔

※반대쪽도
같은 방법으로
만든다

7 스커트, 페플럼, 몸판을 봉합한다

①스커트
겉과 페플럼
안을 맞댄다

②임시고정
봉합

0.2

0.2 0.2

뒤페플럼
(겉)

왼쪽 뒷스커트
(겉)

오른쪽 뒷스커트
(겉)

①몸판과 스커트를
겉끼리 맞댄다

⑤3장 함께 지그재그봉합
또는 오버록 통솔처리

앞몸판(안)

②봉합

오른쪽
뒷스커트
(안)

3

③스커트 시접을
0.8cm 깊이로
가윗집

④가름솔

3

왼쪽
뒷스커트
(안)

8 뒷몸판의 뒷중심을 봉합한다

①안단을 위로
젖힌다

뒷몸판
(안)

②되돌아박기
하지 않고
큰 땀(5mm)으로
봉합한다

트임
끝점

④보통 바늘땀
(3mm)으로
봉합한다

③2~3땀
되돌아박기

오른쪽
뒷스커트
(안)

봉합
끝점

접착심
(소잉심지)

벤트(겉)

9 뒷몸판에 콘실지퍼를 달고(P.33/3
참고), 안단을 공그르기한다

뒷몸판
(겉)

①시접을
몸판쪽으로
넘긴다

②상침

0.5

①접음

②공그르기

뒤안단
(겉)

뒷몸판
(안)

10 스커트의 벤트와 밑단을 정리한다

오른쪽
뒷스커트(안)

②모서리에 가윗집

왼쪽
뒷스커트(안)

①가름솔

0.2

벤트
(겉)

오른쪽
뒷스커트(겉)

벤트(안)

①겉쪽으로
접는다

②봉합

③자른다

오른쪽
뒷스커트(안)

왼쪽
뒷스커트(안)

②벤트를
겹쳐서
봉합한다

①스커트의
안쪽으로
뒤집는다

오른쪽
뒷스커트
(안)

왼쪽
뒷스커트
(안)

①공그르기

②공그르기

11 걸고리를 단다
(P.39/13 참고)

완성

47

Dress 3 (P.4) *Dress* 4 (P.5)

Dress3 재료

겉감(분또) ······ 148cm폭 x 160cm(S) / 170cm(M) / 180cm(L)

접착심(소잉심지) ······ 112cm폭 x 50cm

콘실지퍼 ······ 60cm길이 1개

걸고리(소) ······ 1쌍

Dress4 재료

겉감(라메 트위드) ······ 144cm폭 x 160cm(S) / 170cm(M) / 180cm(L)

접착심(소잉심지) ······ 112cm폭 x 60cm

콘실지퍼 ······ 60cm길이 1개

걸고리(소) ······ 1쌍

버클 ······ 4cm폭 1개

패턴에 대해서

◆ 실물크기 패턴 : B면 5번 패턴을 사용합니다.

◆ 사용 패턴 : 앞 · 뒤몸판, 앞 · 뒤안단, 앞 · 뒤스커트

* 실물크기 패턴에서 몸판과 안단, 오른쪽 뒷스커트와 왼쪽 뒷스커트는 각각 베껴 사용합니다.

* Dress4의 벨트는 기재된 치수로 직접 제도하여 사용합니다.

□ = 패턴

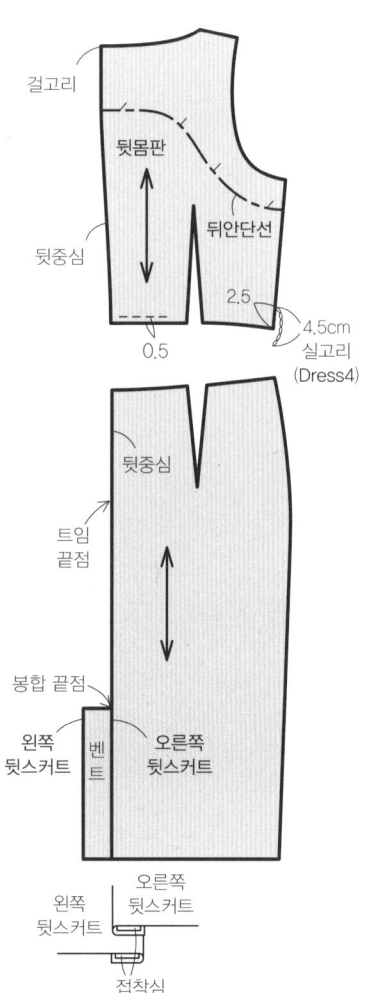

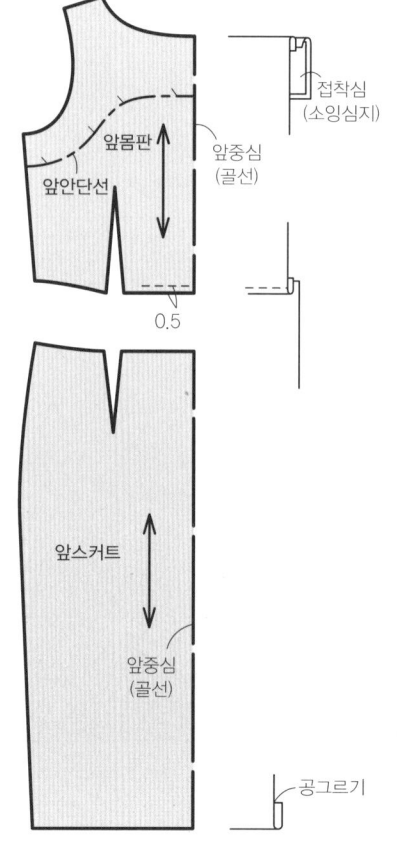

완성 사이즈

단위: cm

사이즈	S	M	L
옷길이	97.5	102.5	106.5
가슴둘레	93	97	101
허리둘레	74	78	82
엉덩이둘레	94	98	102

3단으로 분리된 숫자는
S 사이즈
M사이즈
L 사이즈
1개만 작성된 숫자는 공통

Dress4 벨트

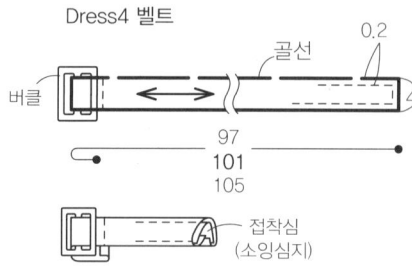

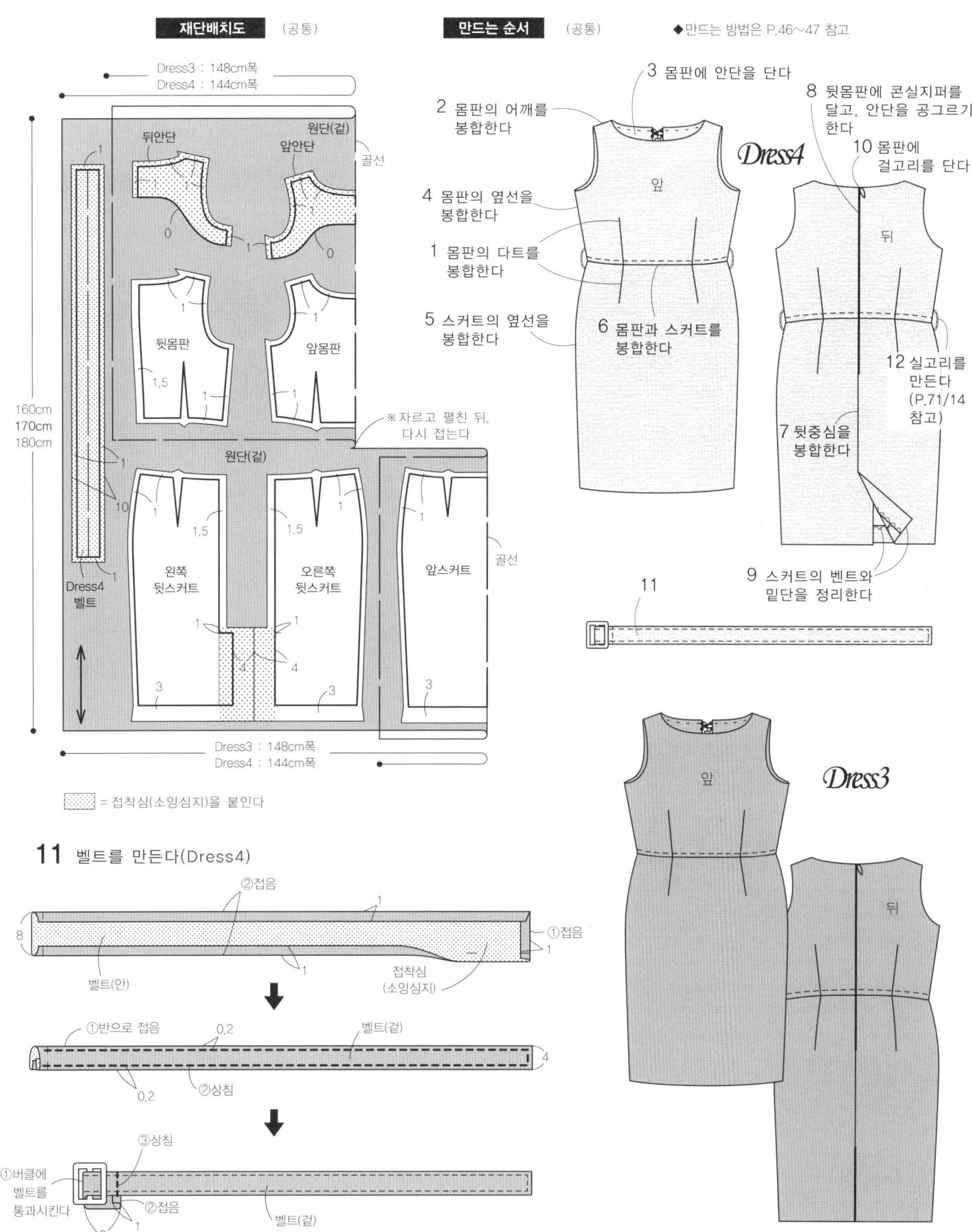

Dress3 : 148cm폭
Dress4 : 144cm폭

뒤안단　　　　원단(겉)
앞안단
　　　　　골선

1
0
0
1

뒷몸판
1.5
1

앞몸판
1

160cm
170cm
180cm

1
10
1

Dress4
벨트

원단(겉)

※자르고 펼친 뒤,
다시 접는다

왼쪽
뒷스커트
3
1.5
1

오른쪽
뒷스커트
3
1.5
1
4
4

앞스커트
3
골선

Dress3 : 148cm폭
Dress4 : 144cm폭

= 접착심(소잉심지)을 붙인다

2 몸판의 어깨를
　봉합한다

3 몸판에 안단을 단다

8 뒷몸판에 콘실지퍼를
　달고, 안단을 공그르기
　한다

10 몸판에
　걸고리를 단다

Dress4

앞

뒤

4 몸판의 옆선을
　봉합한다

1 몸판의 다트를
　봉합한다

5 스커트의 옆선을
　봉합한다

6 몸판과 스커트를
　봉합한다

12 실고리를
　만든다
　(P.71/14
　참고)

7 뒷중심을
　봉합한다

9 스커트의 벤트와
　밑단을 정리한다

11

11 벨트를 만든다(Dress4)

②접음
1
①접음
1
8
벨트(안)
1
접착심
(소잉심지)
1

①반으로 접음
0.2
벨트(겉)
0.2
②상침
4

③상침
①버클에
벨트를
통과시킨다
②접음
3
1
벨트(겉)

앞

뒤

Dress3

49

Dress 6 (P.7)

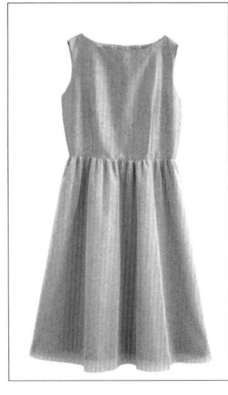

3단으로 분리된 숫자는
S 사이즈
M사이즈
L 사이즈
1개만 작성된 숫자는 공통

재료

겉감(폴리에스테르 수직실크) …… 110cm폭 x 260cm(S) / 270cm(M) / 280cm(L)
배색천(도트 샤) …… 125cm폭 x 140cm(S) / 150cm(M) / 160cm(L)
접착심(소잉심지) …… 112cm폭 x 40cm
콘실지퍼 …… 60cm길이 1개
걸고리(소) …… 1쌍

패턴에 대해서

◆실물크기 패턴 : B면 5번(몸판), A면 15번(스커트, 오버스커트) 패턴을 사용합니다.
◆사용 패턴 : 앞 · 뒤몸판, 앞 · 뒤안단, 앞 · 뒤스커트, 앞 · 뒤오버스커트
* 실물크기 패턴에서 몸판과 안단을 각각 베껴 사용합니다.
◆패턴 수정하는 방법
* A면 15번 패턴에서 스커트와 오버스커트 길이를 짧게 수정하여 사용합니다.

완성 사이즈

단위: cm

사이즈	S	M	L
옷길이	99	104.5	109
가슴둘레	93	97	101
허리둘레	74	78	82

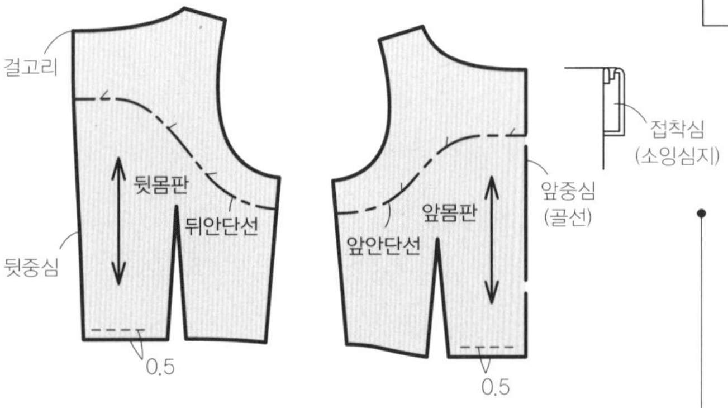

= 패턴

걸고리
뒷몸판
뒤안단선
뒷중심
0.5
앞몸판
앞안단선
앞중심
(골선)
0.5
접착심
(소잉심지)

뒷중심
주름
잡는 곳
14.5
0.5
(뒤오버
스커트만)
트임
끝점
(뒷스커트,
뒤오버
스커트만)
오버
스커트
스커트
앞중심(골선),
뒷중심(2장 재단)
앞 · 뒤스커트(겉감)
3
3
3
3
앞 · 뒤오버스커트(배색천)
스커트
오버
스커트
공그르기
시접 없이
자른다

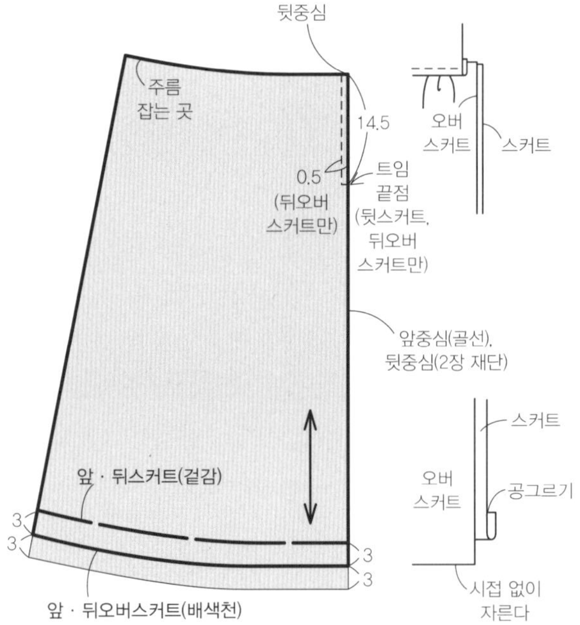

배색천 재단배치도

125cm폭
원단(겉)
골선
1
앞오버
스커트
1.5
0
140cm
150cm
160cm
1
뒤오버
스커트
1.5
0
1.5

= 접착심(소잉심지)을 붙인다

재단배치도

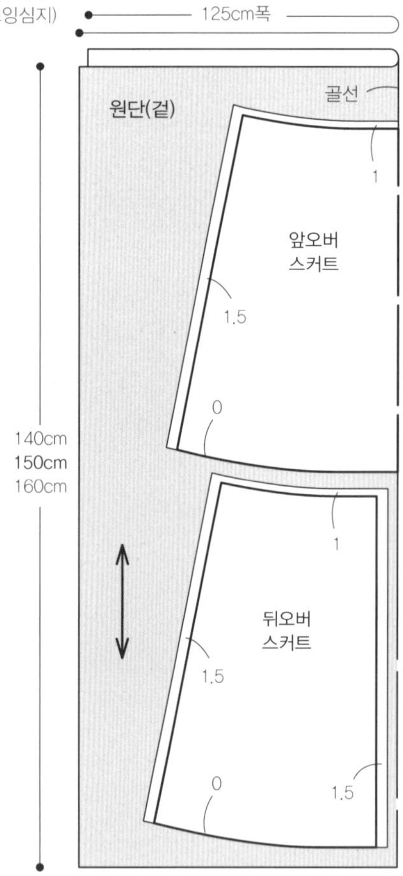

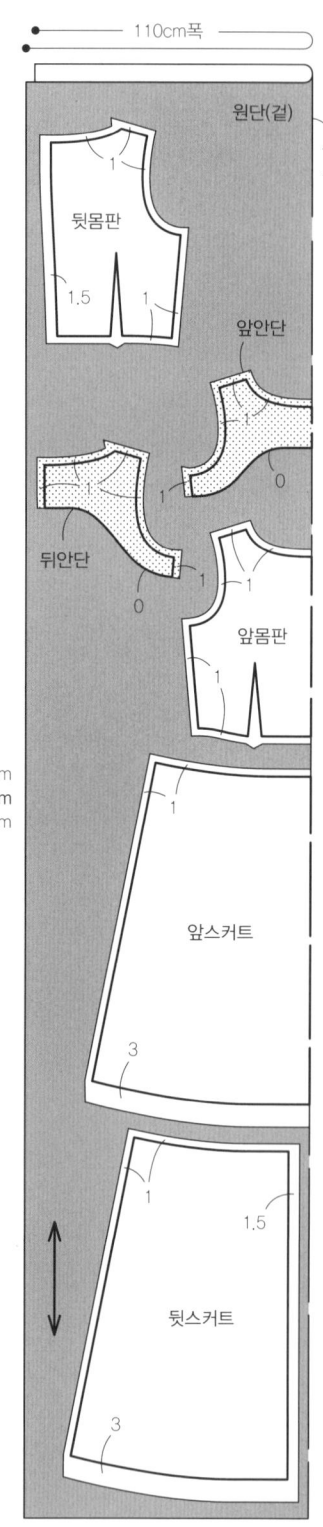

110cm폭
원단(겉)
골
선
1
뒷몸판
1.5
1
앞안단
1
0
1
뒤안단
0
1
1
앞몸판
1
260cm
270cm
280cm
1
앞스커트
3
1
1.5
뒷스커트
3

만드는 방법

◆ 준비 ◆ ①앞·뒤안단에 접착심(소잉심지)을 붙인다
②앞·뒤몸판의 옆선, 뒷몸판의 뒷중심, 앞·뒤스커트의 옆선과 밑단,
앞·뒤안단의 바깥둘레에 지그재그봉제 또는 오버록 처리한다

◆ 1~4번 만드는 방법은 P.46 참고

1 몸판의 다트를 봉합한다 **3** 몸판에 안단을 단다

2 몸판과 안단의 어깨를 **4** 몸판의 옆선을 봉합한다
봉합한다

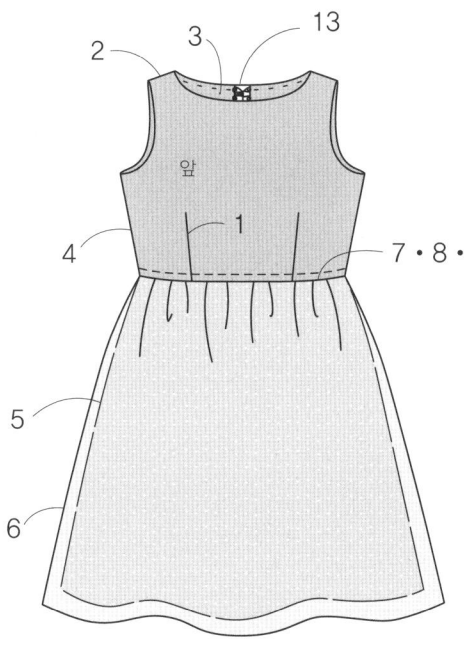

5 스커트를 만든다

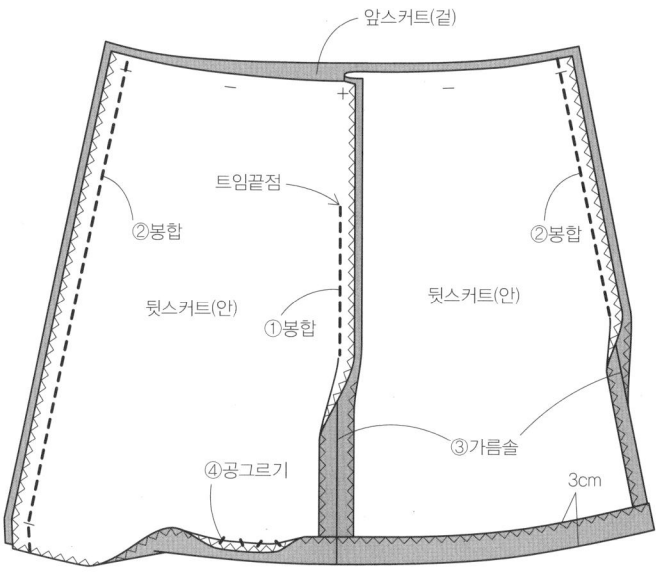

앞스커트(겉)
②봉합
트임끝점
②봉합
뒷스커트(안) ①봉합 뒷스커트(안)
③가름솔
④공그리기 3cm

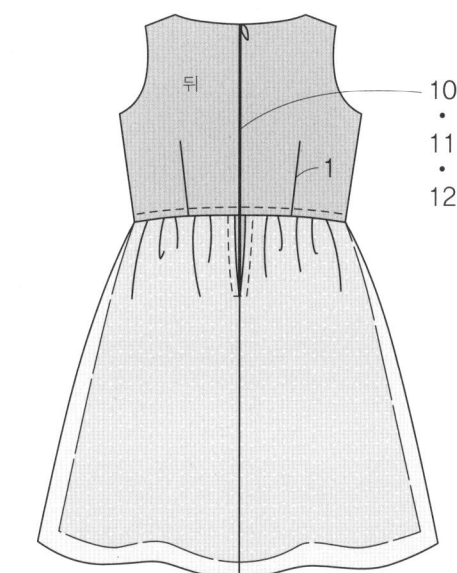

뒤

10
·
11
·
12

1

6 오버스커트를 만든다

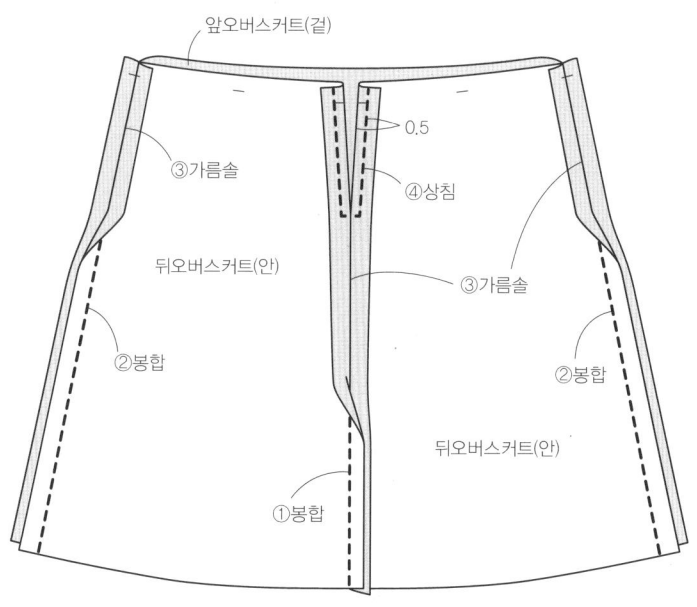

앞오버스커트(겉)
③가름솔 0.5
④상침
뒤오버스커트(안) ③가름솔
②봉합 ②봉합
뒤오버스커트(안)
①봉합

* 공그리기 하는 방법 *

◆ 밑단을 지그재그봉제 또는 ◆ 밑단을 완성선에 맞춰 두 번
오버록 처리한 후, 완성선에 접고 공그리기하는 방법
맞춰 접고 공그리기하는 방법

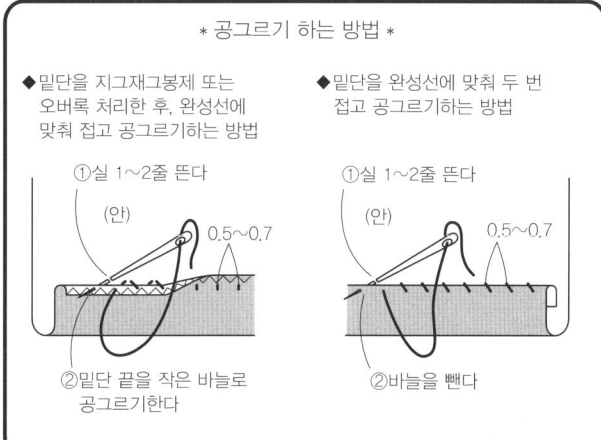

①실 1~2줄 뜬다 ①실 1~2줄 뜬다
(안) (안)
0.5~0.7 0.5~0.7
②밑단 끝을 작은 바늘로 ②바늘을 뺀다
공그리기한다

51

7 스커트와 오버스커트를 봉합한다

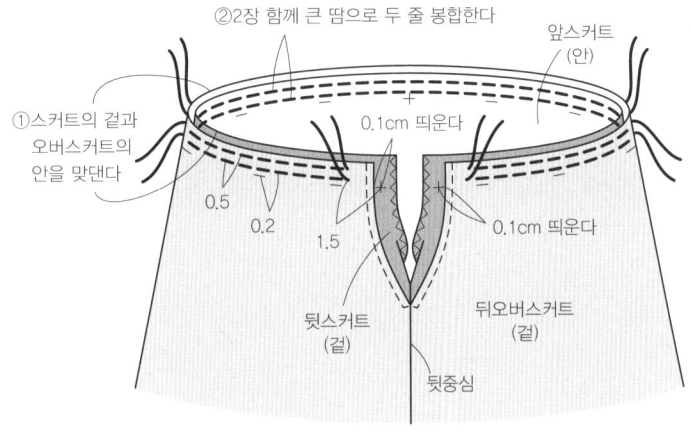

②2장 함께 큰 땀으로 두 줄 봉합한다

앞스커트
(안)

①스커트의 겉과
오버스커트의
안을 맞댄다

0.1cm 띄운다

0.5
0.2
1.5

0.1cm 띄운다

뒷스커트
(겉)

뒤오버스커트
(겉)

뒷중심

8 몸판과 스커트에 맞춤점을 표시한다

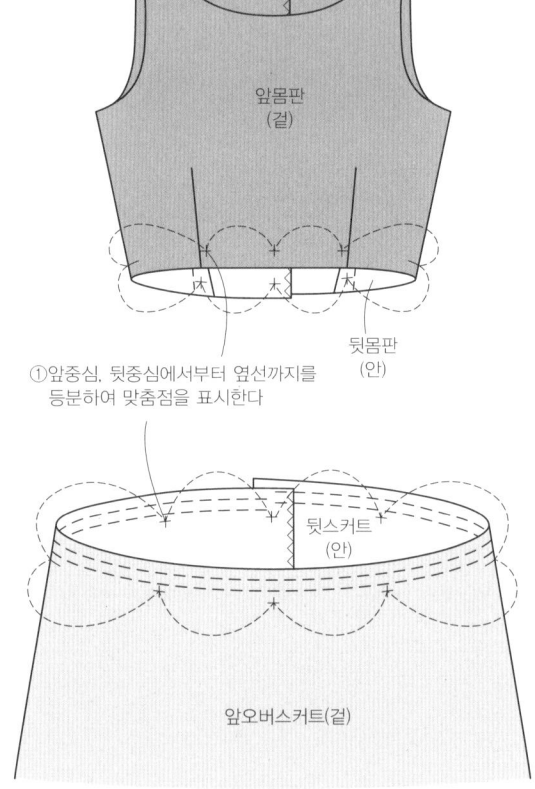

앞몸판
(겉)

뒷몸판
(안)

①앞중심, 뒷중심에서부터 옆선까지를
등분하여 맞춤점을 표시한다

뒷스커트
(안)

앞오버스커트(겉)

9 몸판과 스커트를 봉합한다

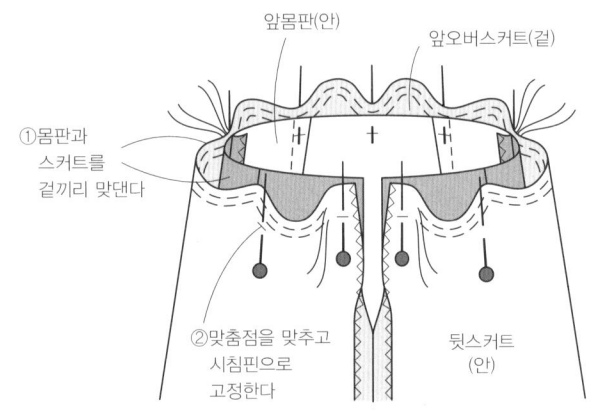

앞몸판(안)

앞오버스커트(겉)

①몸판과
스커트를
겉끼리 맞댄다

②맞춤점을 맞추고
시침핀으로
고정한다

뒷스커트
(안)

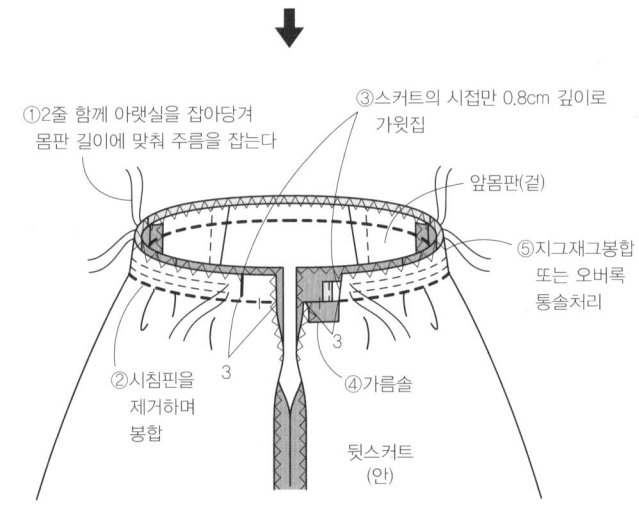

①2줄 함께 아랫실을 잡아당겨
몸판 길이에 맞춰 주름을 잡는다

③스커트의 시접만 0.8cm 깊이로
가윗집

앞몸판(겉)

⑤지그재그봉합
또는 오버록
통솔처리

②시침핀을
제거하며
봉합

3

3

④가름솔

뒷스커트
(안)

뒷몸판
(겉)

앞몸판(안)

②봉합

0.5

①시접을
몸판쪽으로
넘긴다

뒤오버스커트(겉)

10 뒷몸판의 뒷중심을 봉합한다(P.32/2 참고)

11 뒷몸판에 콘실지퍼를 단다(P.33/3 참고)

12 안단을 공그르기한다(P.47/9 참고)

13 걸고리를 단다(P.39/13 참고)

완성

Dress *14*(P.14)　# Dress *15*(P.15)

재료

Dress14 겉감(폴리에스테르 혼방) ······ 108cm폭 x 330cm(S) / 340cm(M) / 350cm(L)

Dress15 겉감(워싱 트윌) ······ 138cm폭 x 330cm(S) / 340cm(M) / 350cm(L)

접착심(소잉심지) ······ 112cm폭 x 50cm

스냅단추(소) ······ 0.7cm폭 1쌍

스냅단추(대) ······ 1.3c m폭 2쌍

패턴에 대해서

◆실물크기 패턴 : A면 15번 패턴을 사용합니다.

◆사용 패턴 : 앞·뒤몸판, 앞·뒤안단, 앞·뒤스커트, 커프스(Dress15)

* 실물크기 패턴에서 몸판과 안단, 앞스커트와 뒷스커트는 각각 베껴 사용합니다.

* 리본은 기재된 치수로 직접 제도하여 사용합니다.

완성 사이즈

단위 : cm

사이즈	S	M	L
옷길이	103.5	109	113.5
가슴둘레	94	98	102
허리둘레	74	78	82

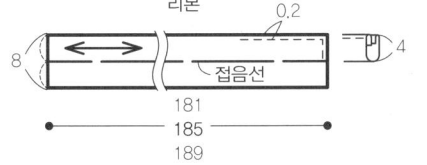

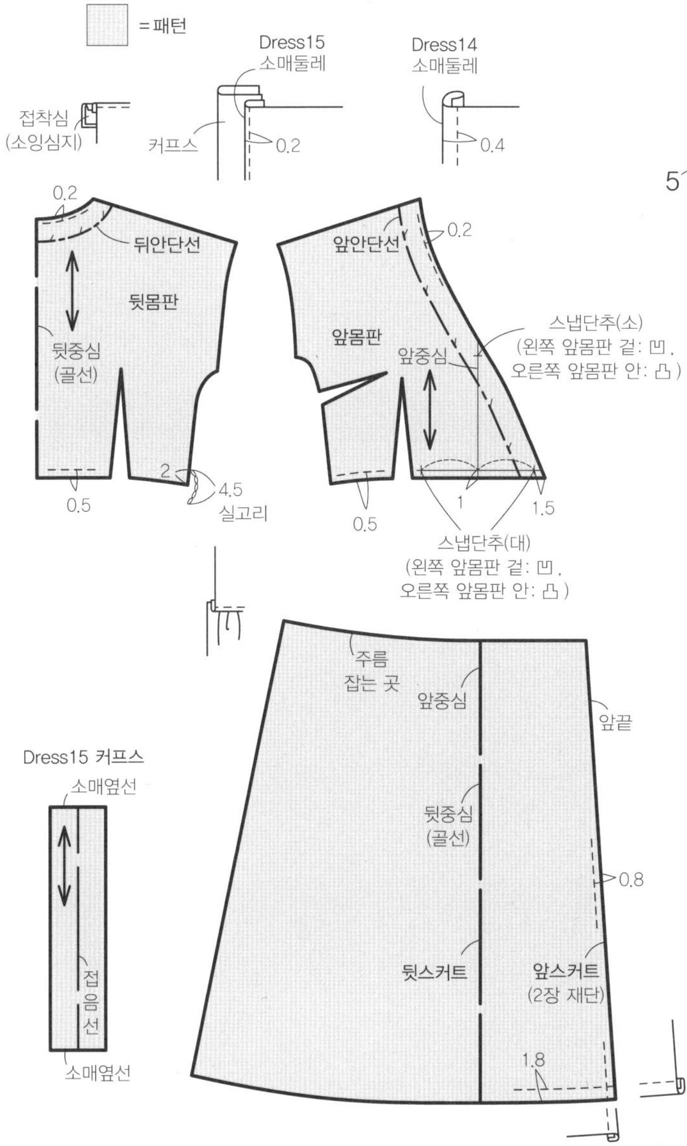

리본
0.2
접음선
8
4
181
185
189

3단으로 분리된 숫자는
S 사이즈
M 사이즈
L 사이즈
1개만 작성된 숫자는 공통

= 패턴

접착심
(소잉심지)
커프스
Dress15
소매둘레
0.2
Dress14
소매둘레
0.4

0.2
뒤안단선
뒷몸판
뒷중심
(골선)
2
4.5
0.5
실고리

앞안단선
0.2
앞몸판
앞중심
스냅단추(소)
(왼쪽 앞몸판 겉 : 凹,
오른쪽 앞몸판 안 : 凸)
0.5
1
1.5
스냅단추(대)
(왼쪽 앞몸판 겉 : 凹,
오른쪽 앞몸판 안 : 凸)

Dress15 커프스
소매옆선
접음선
소매옆선

주름
잡는 곳
앞중심
앞끝
뒷중심
(골선)
0.8
뒷스커트
앞스커트
(2장 재단)
1.8

만드는 순서 (공통)

Dress15

2　3
5
앞
9
8
4　1
11
7
6
10
뒤
1

Dress14

5
앞
뒤

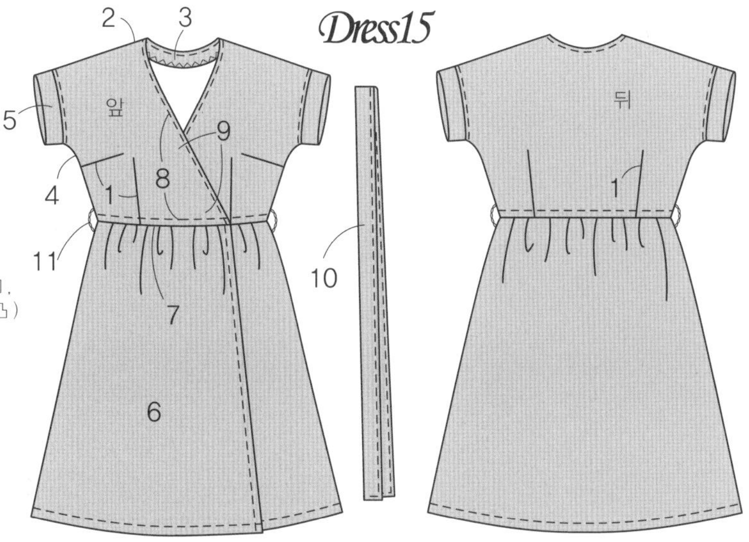

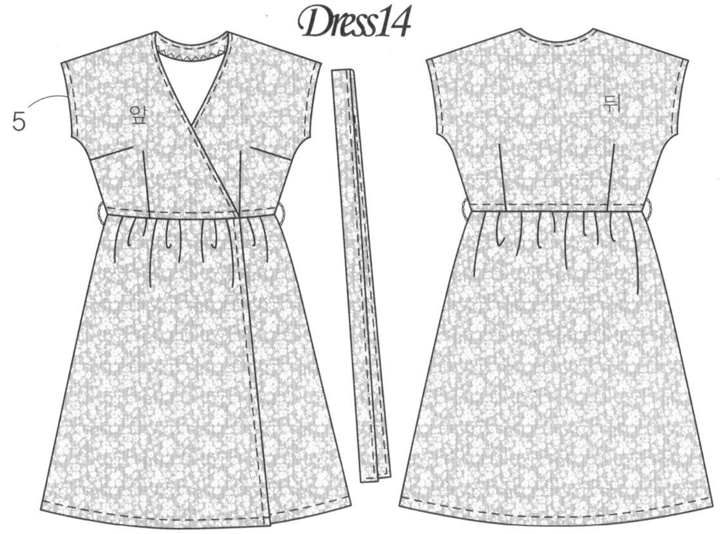

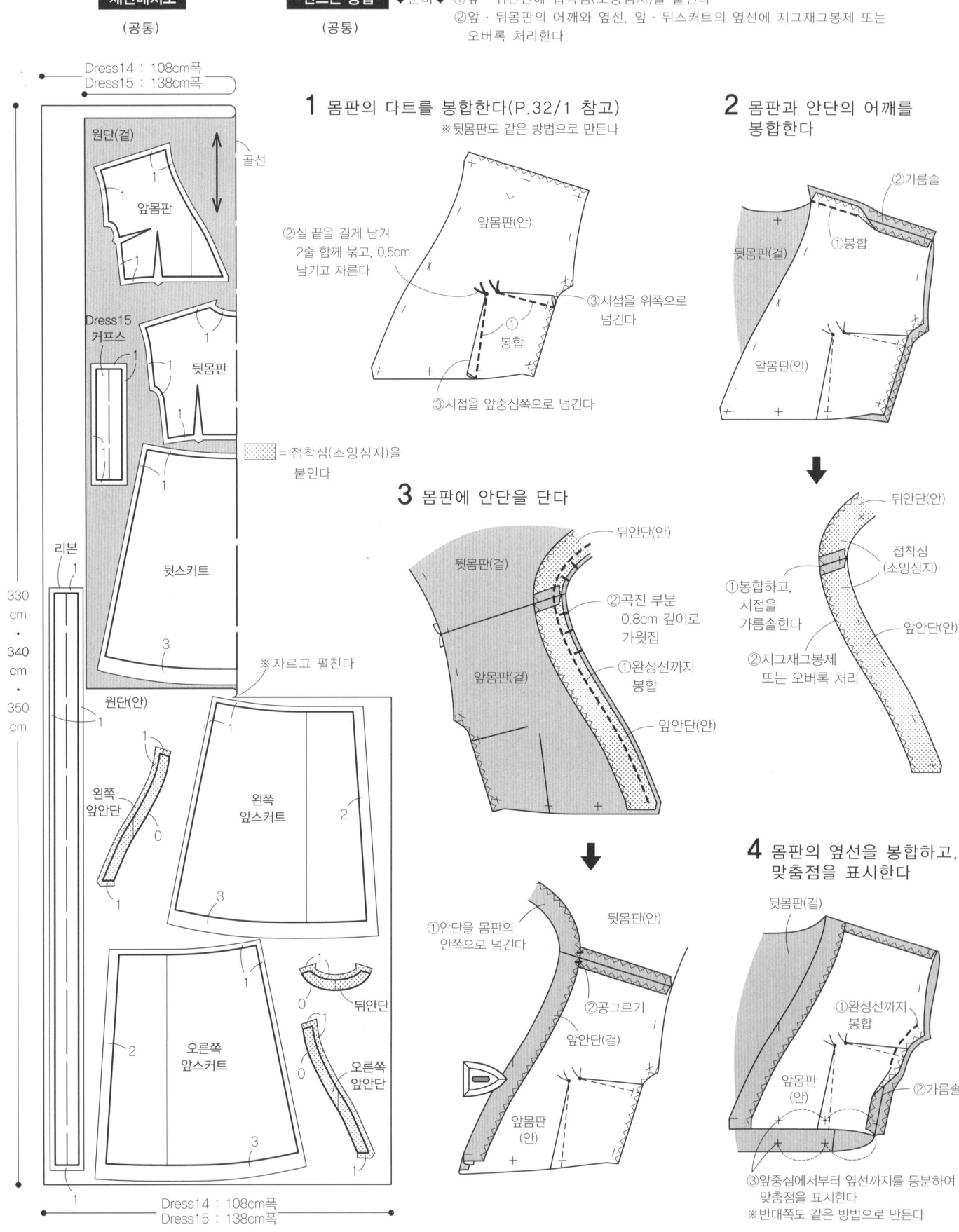

5 Dress15는 소매에 커프스를 만들어 달고, Dress14는 소맷부리를 정리한다

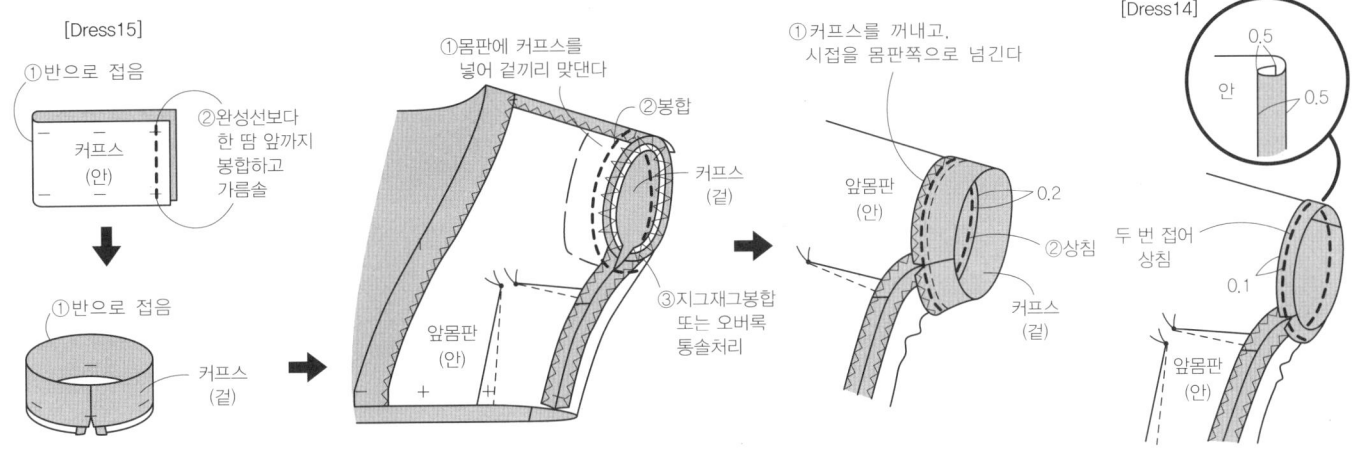

[Dress15]
①반으로 접음
②완성선보다 한 땀 앞까지 봉합하고 가름솔
커프스 (안)

①반으로 접음
커프스 (겉)

①몸판에 커프스를 넣어 겉끼리 맞댄다
②봉합
커프스 (겉)
앞몸판 (안)
③지그재그봉합 또는 오버록 통솔처리

①커프스를 꺼내고, 시접을 몸판쪽으로 넘긴다
앞몸판 (안)
0.2
②상침
커프스 (겉)

[Dress14]
안
0.5
0.5
두 번 접어 상침
0.1
앞몸판 (안)

6 스커트를 만든다

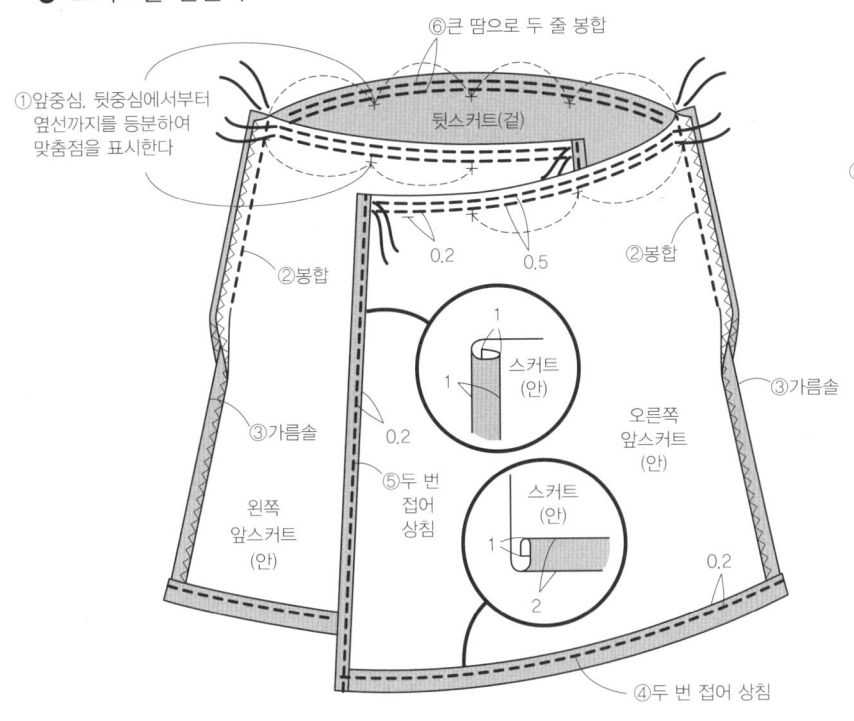

⑥큰 땀으로 두 줄 봉합
①앞중심. 뒷중심에서부터 옆선까지를 등분하여 맞춤점을 표시한다
뒷스커트(겉)
②봉합
0.2 0.5
②봉합
③가름솔
②가름솔
0.2
⑤두 번 접어 상침
1 1
스커트 (안)
오른쪽 앞스커트 (안)
왼쪽 앞스커트 (안)
스커트 (안)
1 1
2
0.2
④두 번 접어 상침

7 몸판과 스커트를 봉합한다

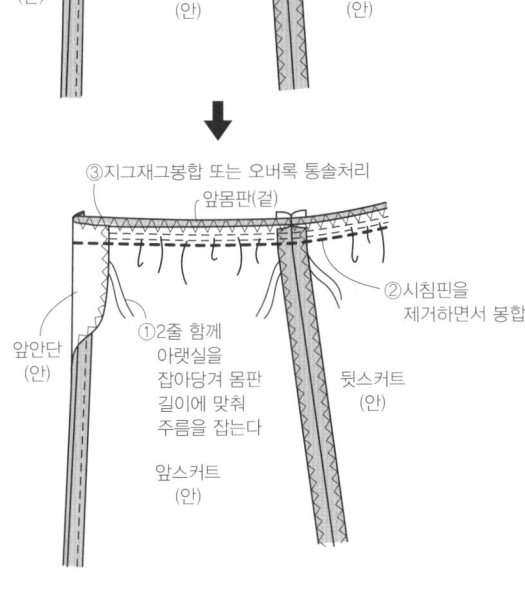

①몸판과 스커트를 겉끼리 맞댄다
앞몸판 (겉)
②안단을 젖힌다
앞안단 (안)
앞중심
앞스커트 (안)
뒷스커트 (안)
③맞춤점을 맞춰 시침핀으로 고정한다

③지그재그봉합 또는 오버록 통솔처리
앞몸판(겉)
②시침핀을 제거하면서 봉합
앞안단 (안)
①2줄 함께 아랫실을 잡아당겨 몸판 길이에 맞춰 주름을 잡는다
앞스커트 (안)
뒷스커트 (안)

8 목둘레를 정리한다

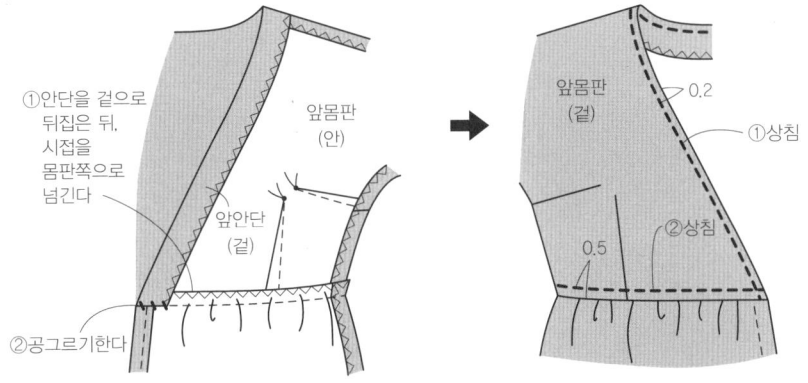

①안단을 겉으로 뒤집은 뒤. 시접을 몸판쪽으로 넘긴다
앞몸판 (안)
앞안단 (겉)
②공그르기한다

앞몸판 (겉)
0.2
①상침
②상침
0.5

9 몸판에 스냅단추를 단다(P.41 참고)

10 리본을 만든다(P.71/12 참고)

11 실고리를 만든다(P.71/14 참고)

완성

Dress 7 (P.8)   Dress 8 (P.9)

 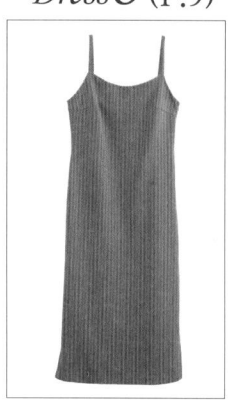

재료

Dress7 겉감(파우더 포프린) ······ 138cm폭 x 140cm(S) / 150cm(M) / 150cm(L)

Dress8 겉감(니트 스트라이프) ······ 145cm폭 x 140cm(S) / 150cm(M) / 150cm(L)

접착심(소잉심지) ······ 112cm폭 x 40cm

단추 ······ 1cm폭 2개

콘실지퍼 ······ 60cm길이 1개

걸고리(소) ······ 1쌍

패턴에 대해서

◆ 실물크기 패턴 : A면 8번 패턴을 사용합니다.

◆ 사용 패턴 : 앞 · 뒤몸판, 앞 · 뒤안단

* 실물크기 패턴에서 몸판과 안단을 각각 베껴 사용합니다.

* 어깨끈은 기재된 치수로 직접 제도하여 사용합니다.

완성 사이즈

단위: cm

사이즈	S	M	L
앞길이	102.3	108	112.7
가슴둘레	88	92	96
엉덩이둘레	94	98	102

3단으로 분리된 숫자는
S 사이즈
M사이즈
L 사이즈
1개만 작성된 숫자는 공통

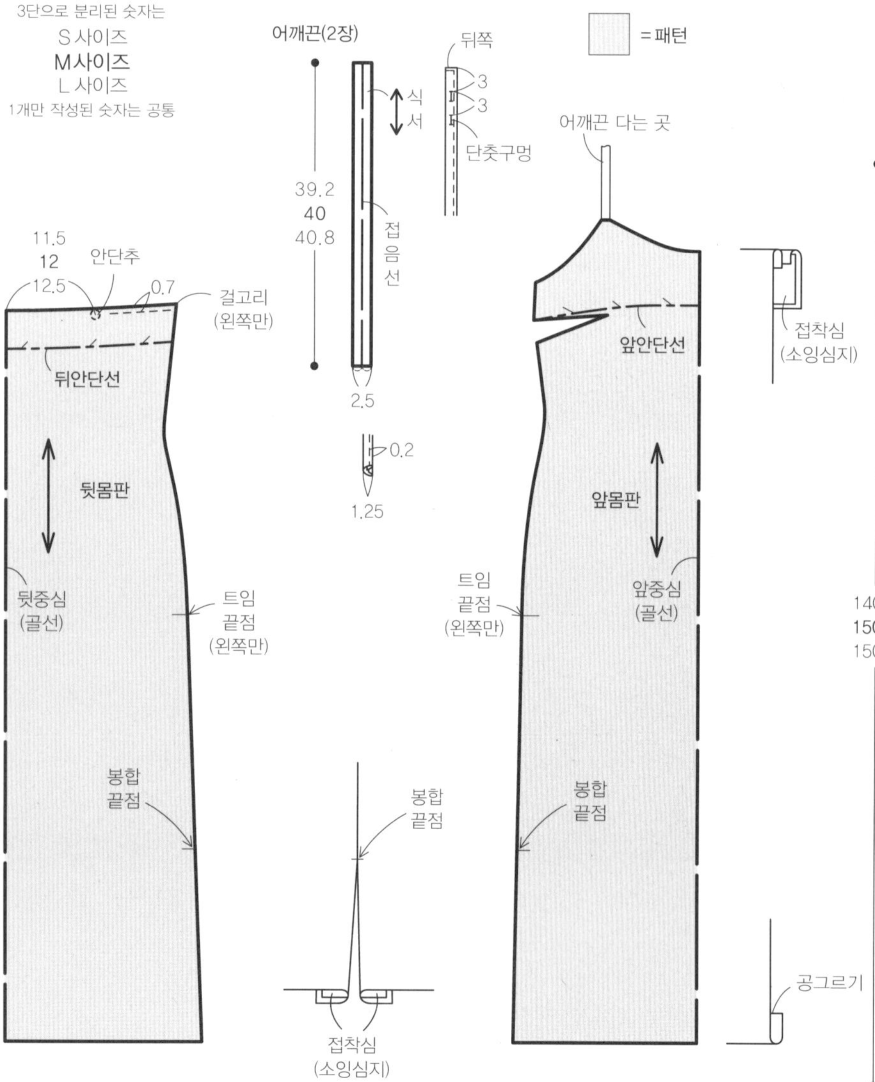

어깨끈(2장)

뒤쪽

식서

3
3

단춧구멍

접음선

39.2
40
40.8

2.5

0.2

1.25

= 패턴

어깨끈 다는 곳

앞안단선

접착심
(소잉심지)

앞몸판

앞중심
(골선)

트임
끝점
(왼쪽만)

봉합
끝점

공그리기

11.5
12
12.5

안단추

0.7

걸고리
(왼쪽만)

뒤안단선

뒷몸판

뒷중심
(골선)

트임
끝점
(왼쪽만)

봉합
끝점

봉합
끝점

접착심
(소잉심지)

재단배치도   (공통)

= 접착심(소잉심지)을 붙인다

Dress7 : 138cm폭
Dress8 : 145cm폭

골선

원단(겉)

뒤안단

골선

앞안단

1

0.5

1

1

1

0

0.5

1

어깨끈

앞몸판

140cm
150cm
150cm

뒷몸판   1.5

1.5

3

3

봉합
끝점

봉합
끝점

3

3

56

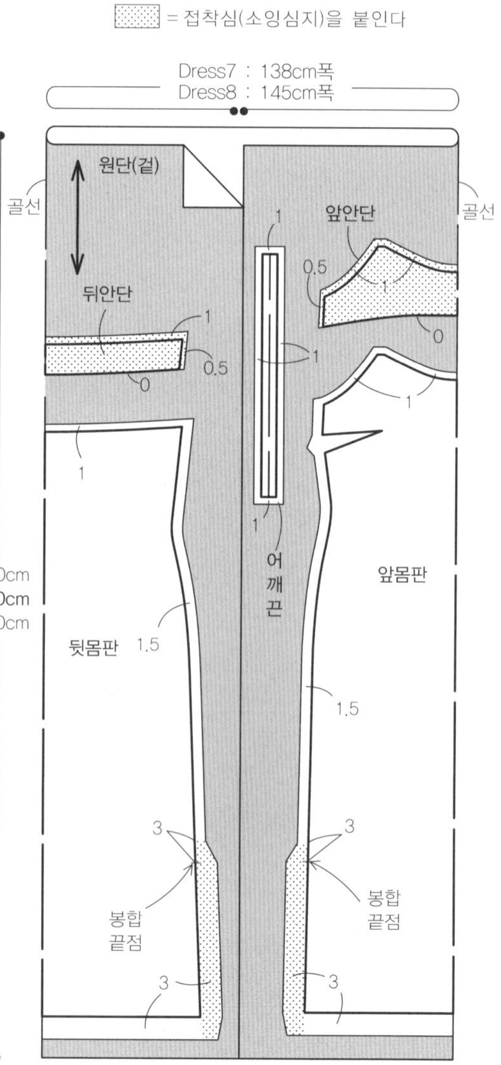

◆준비◆
①앞·뒤몸판 트임, 앞·뒤안단에 접착심(소잉심지)을 붙인다
②앞·뒤몸판의 옆선과 밑단, 앞·뒤안단의 바깥둘레에
지그재그봉제 또는 오버록 처리한다

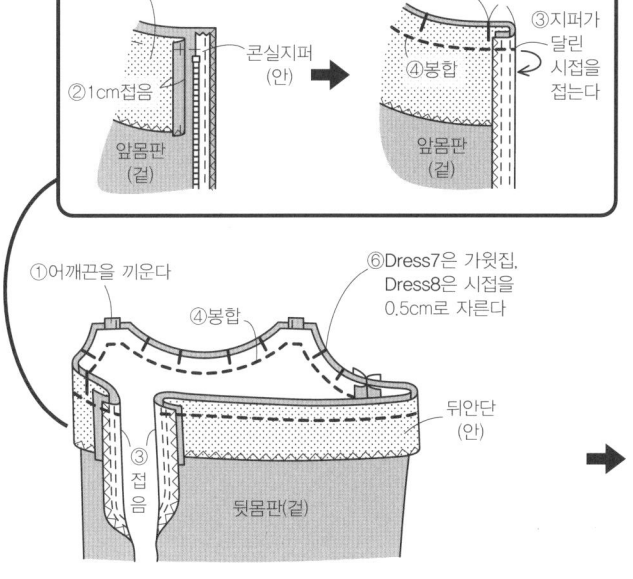

4
5
3
1
7
7
앞
뒤
2
왼쪽
6

1 앞몸판의 다트를 봉합한다(P.32/1 참고)

2 몸판의 왼쪽 옆선을 봉합하고, 콘실지퍼를 단다(P.33/3 참고)

3 몸판과 안단의 오른쪽 옆선을 봉합한다

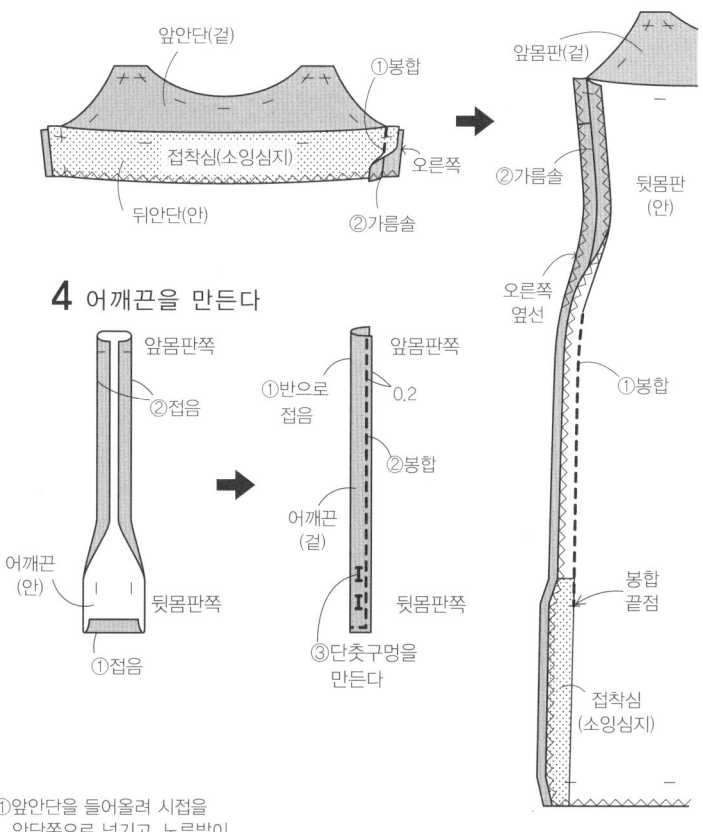

앞안단(겉)
①봉합
접착심(소잉심지)
뒤안단(안)
오른쪽
②가름솔

앞몸판(겉)
②가름솔
뒷몸판(안)
오른쪽 옆선
①봉합
봉합 끝점
접착심(소잉심지)

4 어깨끈을 만든다

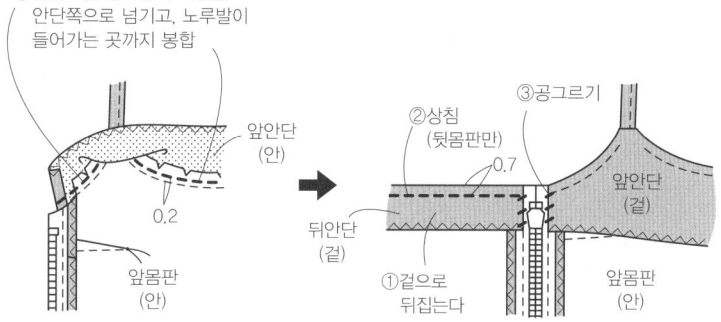

앞몸판쪽
②접음
어깨끈(안)
뒷몸판쪽
①접음

①반으로 접음
앞몸판쪽
0.2
②봉합
어깨끈(겉)
뒷몸판쪽
③단춧구멍을 만든다

5 어깨끈을 끼우고, 몸판에 안단을 단다

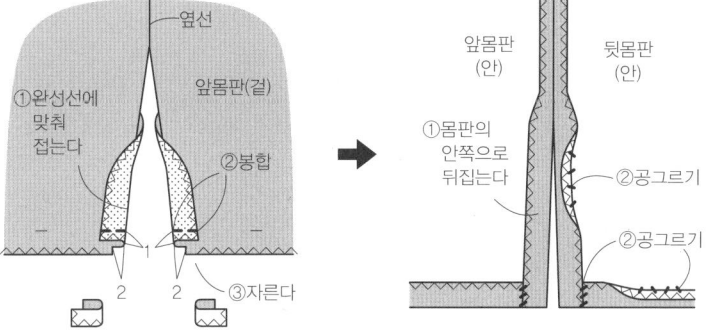

앞안단(안)
②1cm접음
콘실지퍼(안)
앞몸판(겉)

⑤가윗집(앞몸판만)
1.5
④봉합
③지퍼가 달린 시접을 접는다
앞몸판(겉)

①어깨끈을 끼운다
④봉합
⑥Dress7은 가윗집, Dress8은 시접을 0.5cm로 자른다
③접음
뒤안단(안)
뒷몸판(겉)

①앞안단을 들어올려 시접을 안단쪽으로 넘기고, 노루발이 들어가는 곳까지 봉합
앞안단(안)
0.2
앞몸판(안)

②상침(뒷몸판만)
0.7
③공그르기
앞안단(겉)
뒤안단(겉)
①겉으로 뒤집는다
앞몸판(안)

6 몸판의 트임과 밑단을 정리한다

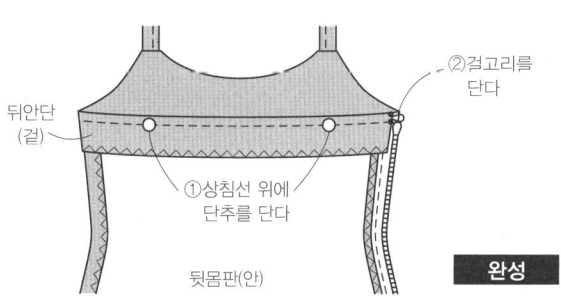

옆선
앞몸판(겉)
①완성선에 맞춰 접는다
②봉합
③자른다
2 2
1

앞몸판(안)
뒷몸판(안)
①몸판의 안쪽으로 뒤집는다
②공그르기
②공그르기

7 안단에 단추와 걸고리를 단다(P.39/13 참고)

뒤안단(겉)
②걸고리를 단다
①상침선 위에 단추를 단다
뒷몸판(안)

완성

57

Dress 9 (P.10)

재료

겉감(라셀 레이스) ······ 112cm폭 x 200cm(S) / 210cm(M) / 220cm(L)

안감(면리오셀 혼방 론) ······ 127cm폭 x 210cm(S) / 220cm(M) / 230cm(L)

접착심(소잉심지) ······ 112cm폭 x 20cm

콘실지퍼 ······ 60cm길이 1개

걸고리(소) ······ 1쌍

패턴에 대해서

◆ 실물크기 패턴 : A면 22번 패턴을 사용합니다.

◆ 사용 패턴 : 앞·뒤몸판, 앞·뒤안단

* 실물크기 패턴에서 몸판과 안단은 각각 베껴 사용합니다.

* 바이어스천은 기재된 치수로 직접 제도하여 사용합니다.

완성 사이즈

단위 : cm

사이즈	S	M	L
옷길이	90.5	95	98.5
가슴둘레	94	98	102

3단으로 분리된 숫자는
S 사이즈
M 사이즈
L 사이즈
1개만 작성된 숫자는 공통

☐ = 패턴

재단배치도

(공통)

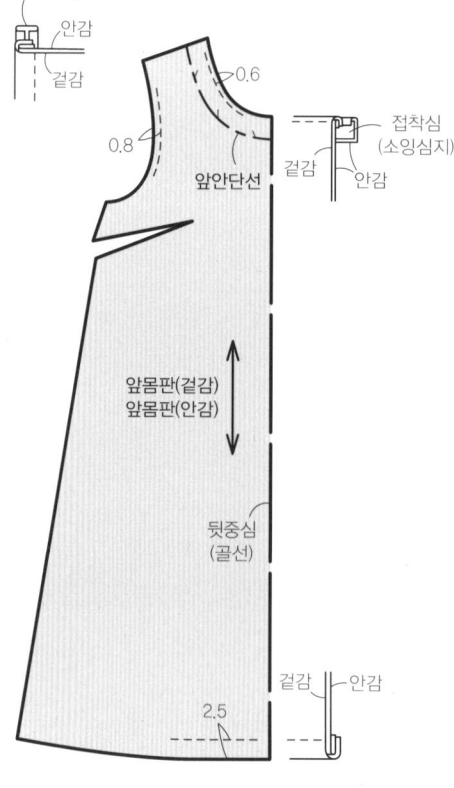

겉감 112cm폭
안감 127cm폭

겉·안감원단(겉)

바이어스천
(안감)

골선

2.5

(55cm, 2장)

1.5

1

뒤안단

1

1.5

앞몸판(겉감)
앞몸판(안감)

0.5

0

3

안감 / 겉감

210 cm / 200 cm
·
220 cm / 210 cm
·
230 cm / 220 cm

1

1.5

1

1

앞안단

뒷몸판(겉감)
뒷몸판(안감)

1.5

1.5

1.5

3

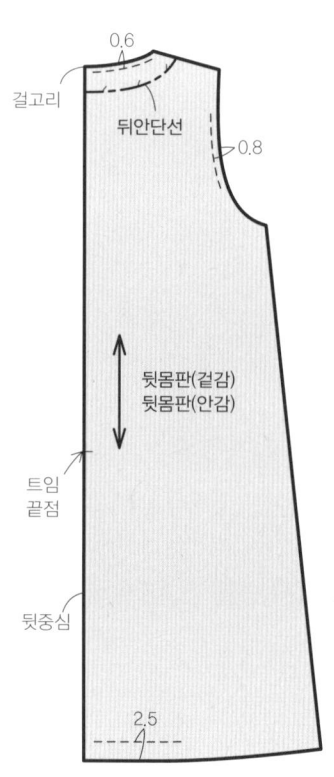

0.6

걸고리

뒤안단선

0.8

뒷몸판(겉감)
뒷몸판(안감)

트임
끝점

뒷중심

2.5

바이어스천(안감)

안감

겉감

0.6

0.8

앞안단선

접착심
(소잉심지)

겉감

안감

앞몸판(겉감)
앞몸판(안감)

뒷중심
(골선)

겉감 / 안감

2.5

☷ = 접착심(소잉심지)을 붙인다

◆준비◆
①앞·뒤안단에 접착심(소잉심지)을 붙인다
②몸판 안감을 몸판 겉감에 겹쳐 고정한다(★참고)
③앞·뒤몸판의 어깨, 옆선, 밑단, 뒷몸판의 뒷중심,
 앞·뒤안단의 바깥둘레에 지그재그봉제 또는 오버록
 처리한다

★ 겉감의 비침을 보강하는 방법

비치는 원단으로 제작할 경우, 비침을 방지하기 위해
겉감 원단의 안쪽에 안감을 겹쳐 고정해줍니다

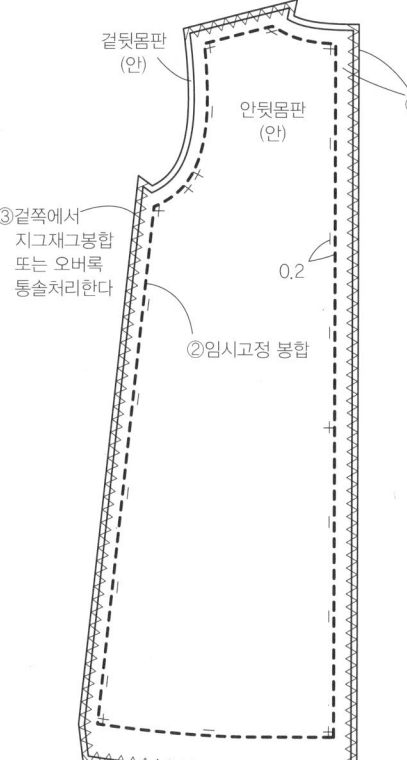

겉뒷몸판
(안)

안뒷몸판
(안)

①겉감 안과
 안감 겉을 맞댄다

③겉쪽에서
지그재그봉합
또는 오버록
통솔처리한다

0.2

②임시고정 봉합

※앞몸판도 같은 방법으로 제작합니다
※보강한 봉합선, 안감의 표기는 이후 생략합니다

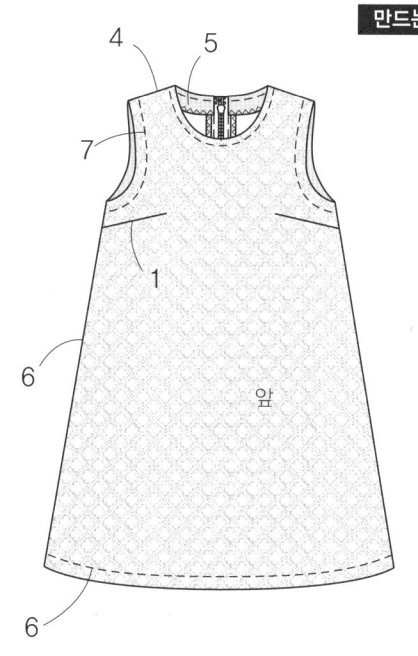

4 5
7
1
6
6
앞

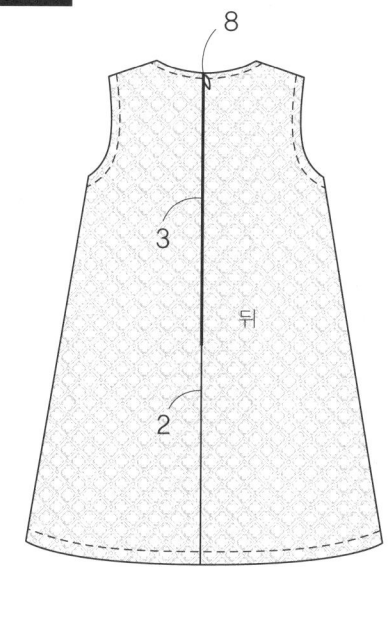

8
3
2
뒤

◆1~5·8 만드는 방법은 P.32~39 참고

1 앞몸판의 다트를 봉합한다(P.32/1 참고)
2 뒷몸판의 뒷중심을 봉합한다(P.32/2 참고)
3 뒷몸판에 콘실지퍼를 단다(P.33/3 참고)
4 몸판과 안단의 어깨를 봉합한다(P.35/4 참고)
5 몸판에 안단을 단다(P.35/5 참고)
8 걸고리를 단다(P.39/13 참고)

6 몸판의 옆선을 봉합하고,
  밑단을 정리한다

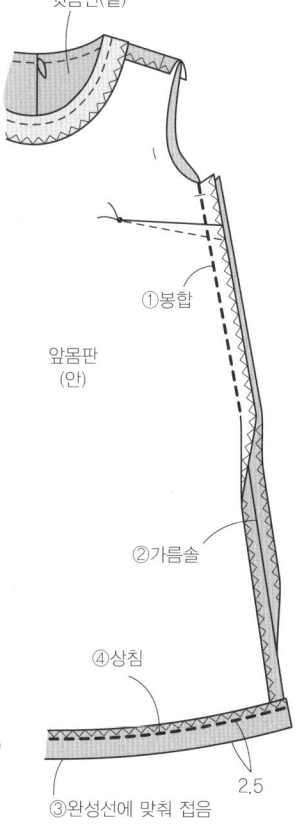

뒷몸판(겉)

앞몸판
(안)

①봉합

②가름솔

④상침

2.5

③완성선에 맞춰 접음

7 암홀둘레를 바이어스처리한다
  (바이어스천 만드는 방법은 P.61 참고)

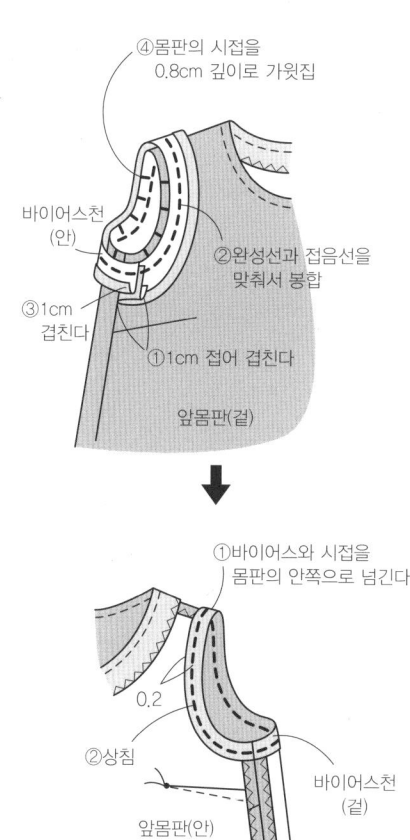

④몸판의 시접을
 0.8cm 깊이로 가윗집

바이어스천
(안)

②완성선과 접음선을
 맞춰서 봉합

③1cm
겹친다

①1cm 접어 겹친다

앞몸판(겉)

①바이어스와 시접을
 몸판의 안쪽으로 넘긴다

0.2

②상침

앞몸판(안)

바이어스천
(겉)

완성

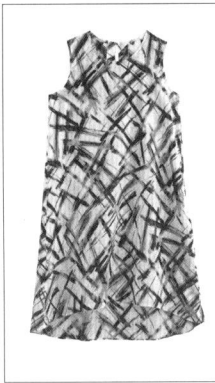

재료

겉감(면프린트) ······ 118cm폭 x 220cm(S) / 230cm(M) / 240cm(L)

접착심(소잉심지) ······ 112cm폭 x 20cm

단추 ······ 1cm폭 1개

패턴에 대해서

◆ 실물크기 패턴 : B면 10번 패턴을 사용합니다.

◆ 사용 패턴 : 앞 · 뒤몸판, 뒤안단

* 실물크기 패턴에서 뒷몸판과 뒤안단은 각각 베껴 사용합니다.

* 바이어스천, 천고리는 기재된 치수로 직접 제도하여 사용합니다.

완성 사이즈

단위 : cm

사이즈	S	M	L
옷길이	85.2	90	93.8
가슴둘레	94	98	102

3단으로 분리된 숫자는
S 사이즈
M 사이즈
L 사이즈
1개만 작성된 숫자는 공통

재단배치도

= 패턴

바이어스천

천고리

바이어스천

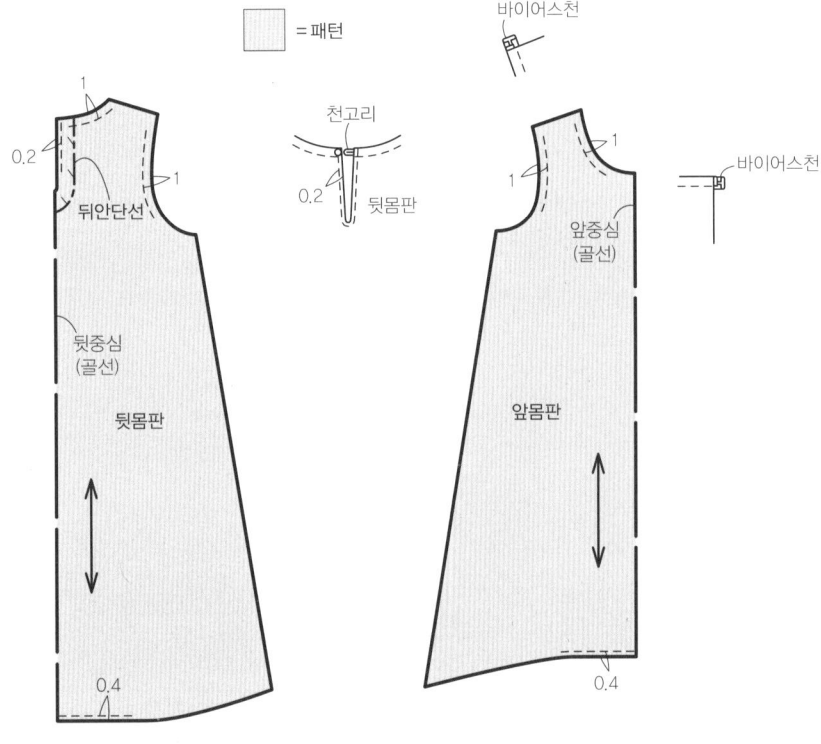

= 접착심(소잉심지)을 붙인다

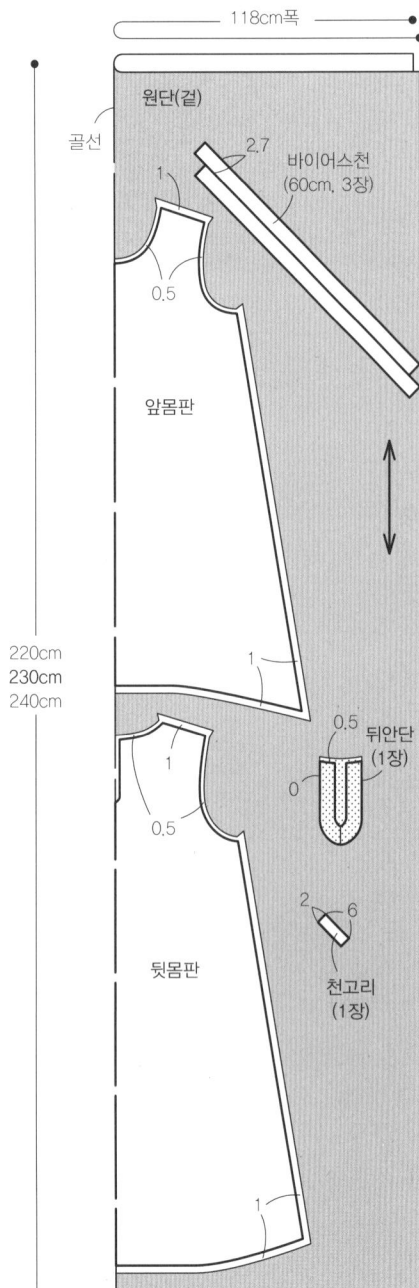

만드는 순서

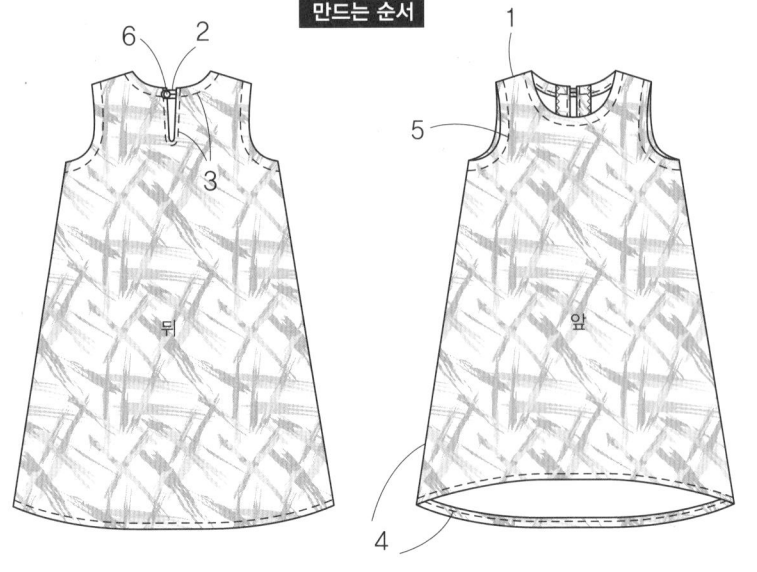

1 몸판의 어깨를 봉합한다

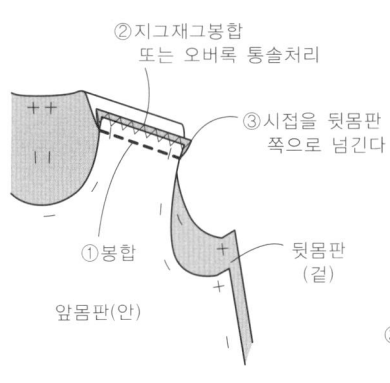

②지그재그봉합
또는 오버록 통솔처리

③시접을 뒷몸판
쪽으로 넘긴다

①봉합

앞몸판(안)

뒷몸판
(겉)

2 천고리를 만든다

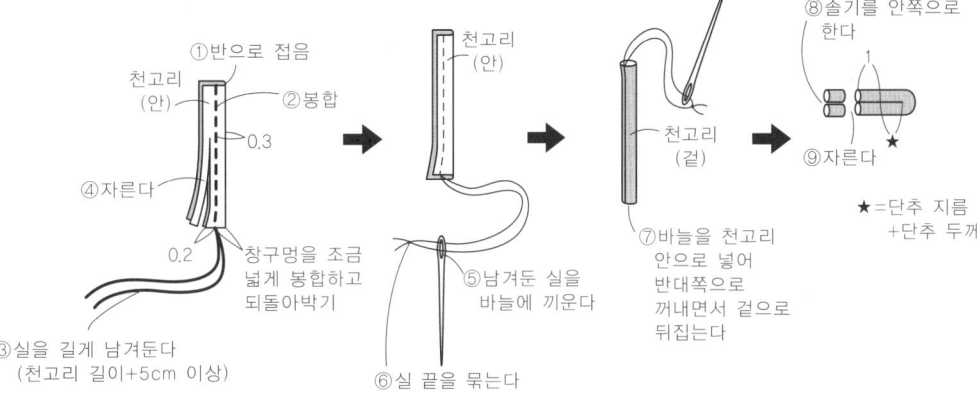

①반으로 접음

천고리
(안)

②봉합

0.3

④자른다

0.2

창구멍을 조금
넓게 봉합하고
되돌아박기

③실을 길게 남겨둔다
(천고리 길이+5cm 이상)

천고리
(안)

⑤남겨둔 실을
바늘에 끼운다

⑥실 끝을 묶는다

천고리
(겉)

⑦바늘을 천고리
안으로 넣어
반대쪽으로
꺼내면서 겉으로
뒤집는다

⑧솔기를 안쪽으로
한다

1

⑨자른다

★=단추 지름
+단추 두께

3 목둘레와 뒤트임을 봉합한다

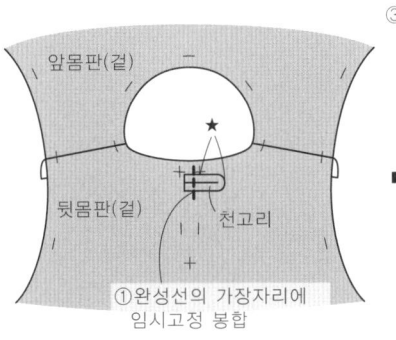

앞몸판(겉)

★

뒷몸판(겉)

천고리

①완성선의 가장자리에
임시고정 봉합

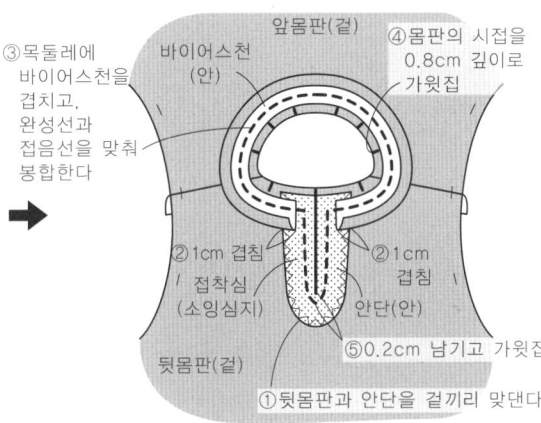

앞몸판(겉)

③목둘레에
바이어스천을
겹치고,
완성선과
접음선을 맞춰
봉합한다

바이어스천
(안)

④몸판의 시접을
0.8cm 깊이로
가윗집

②1cm 겹침

접착심
(소잉심지)

②1cm
겹침

안단(안)

⑤0.2cm 남기고 가윗집

뒷몸판(겉)

①뒷몸판과 안단을 겉끼리 맞댄다

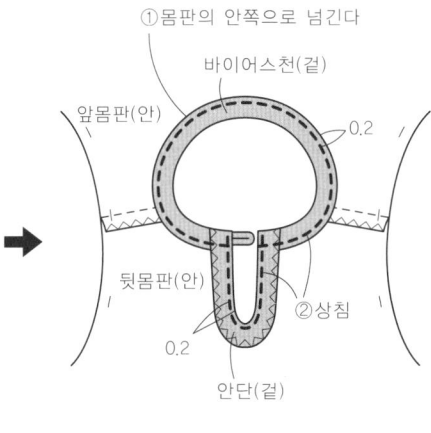

①몸판의 안쪽으로 넘긴다

바이어스천(겉)

앞몸판(안)

0.2

뒷몸판(안)

②상침

0.2

안단(겉)

* 바이어스천 만드는 방법 *

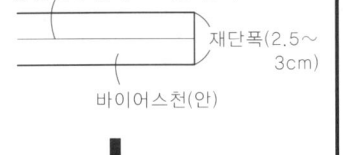

①중심에 얇게 표시를 준다

재단폭(2.5~
3cm)

바이어스천(안)

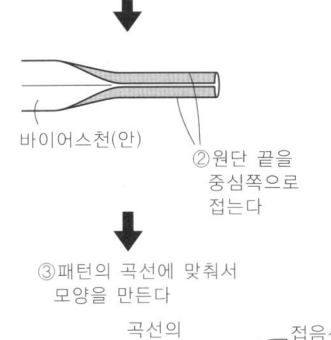

바이어스천(안)

②원단 끝을
중심쪽으로
접는다

③패턴의 곡선에 맞춰서
모양을 만든다

곡선의
완성선

접음선

패턴

④바깥쪽을 손으로 당겨가면서
다림질을 하여 곡선으로 만든다

4 몸판의 옆선을 봉합하고, 밑단을 정리한다

뒷몸판
(겉)

앞몸판
(안)

①봉합

②지그재그봉합
또는 오버록
통솔처리

③시접을
뒷몸판쪽으로
넘긴다

④두 번 접어 상침

0.1

(안)

0.5

0.5

0.5

5 암홀둘레를 바이어스 처리한다

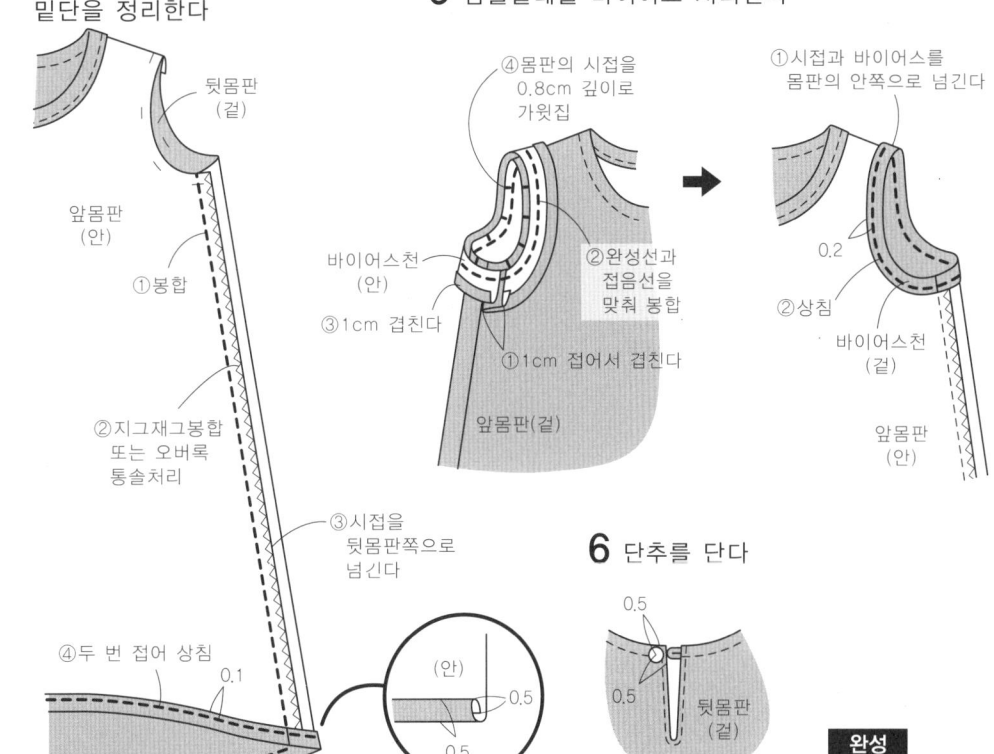

④몸판의 시접을
0.8cm 깊이로
가윗집

바이어스천
(안)

③1cm 겹친다

②완성선과
접음선을
맞춰 봉합

①1cm 접어서 겹친다

앞몸판(겉)

①시접과 바이어스를
몸판의 안쪽으로 넘긴다

0.2

②상침

바이어스천
(겉)

앞몸판
(안)

6 단추를 단다

0.5

0.5

0.5

뒷몸판
(겉)

완성

Dress 12 (P.12) Dress 13 (P.12)

3단으로 분리된 숫자는
S 사이즈
M 사이즈
L 사이즈
1개만 작성된 숫자는 공통

□ = 패턴

재료

겉감(트윌 스트레치) ······ 127cm폭 × 260cm(S) / 270cm(M) / 280cm(L)

접착심(소잉심지) ······ 112cm폭 × 20cm

Dress12 단추 ······ 1cm폭 1개

Dress13 단추 ······ 1cm폭 2개

Dress13 콘실지퍼 ······ 60cm길이 1개

Dress13 걸고리(소) ······ 1쌍

패턴에 대해서

◆ 실물크기 패턴 : Dress12는 B면 10번, Dress13은 A면 8번 패턴을 사용합니다.

◆ 사용 패턴 : Dress12 – 앞 · 뒤몸판, 뒤안단 / Dress13 – 앞 · 뒤몸판, 앞 · 뒤안단

＊ 실물크기 패턴에서 몸판과 안단은 각각 베껴 사용합니다.

＊ 바이어스천, 천고리, 어깨끈은 기재된 치수로 직접 제도하여 사용합니다.

◆ 패턴 수정하는 방법

＊ Dress12는 B면 10번 패턴에서 몸판 밑단 길이를 짧게 수정하여 사용합니다.

＊ Dress13은 A면 8번 패턴에서 몸판 밑단 길이를 짧게 수정하여 사용합니다.

Dress12 완성 사이즈			단위 : cm
사이즈	S	M	L
앞길이	52.7	56	58.3
가슴둘레	94	98	102

Dress13 완성 사이즈			단위 : cm
사이즈	S	M	L
앞길이	78.3	83	86.7
가슴둘레	88	92	96
엉덩이둘레	94	98	102

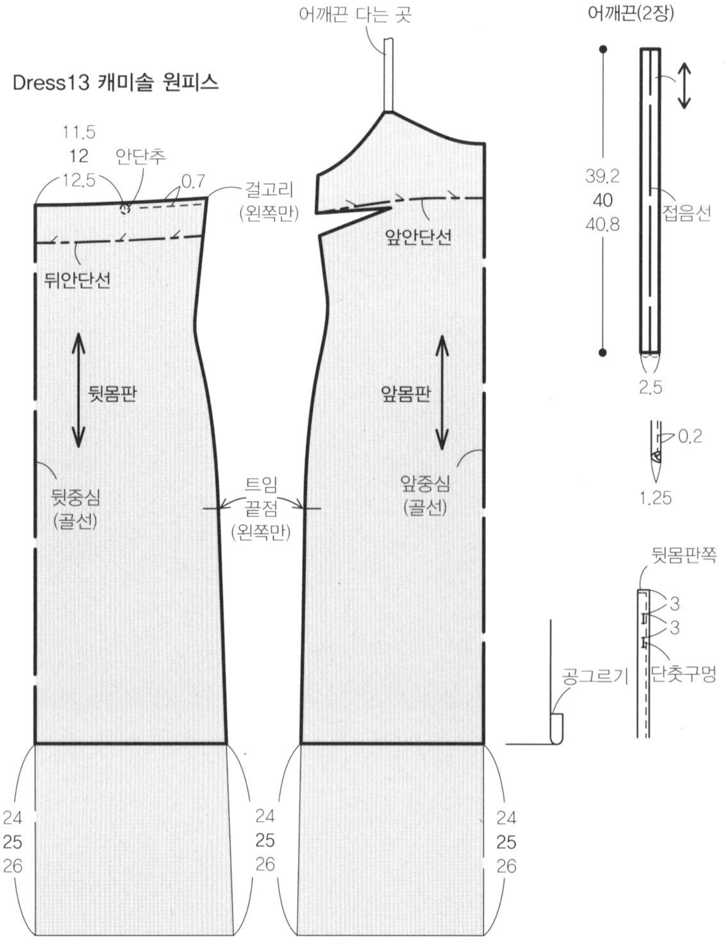

천고리
뒷몸판

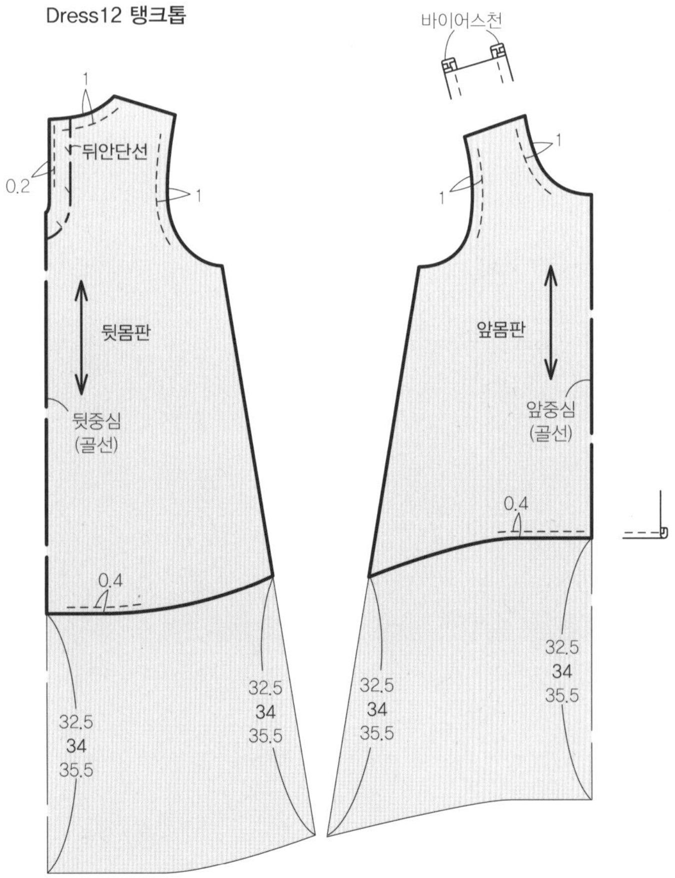

Dress12 탱크톱

바이어스천

1
뒤안단선
0.2
1
1
1
1
뒷몸판
뒷중심
(골선)
0.4

앞몸판
앞중심
(골선)
0.4

32.5 / 34 / 35.5
32.5 / 34 / 35.5
32.5 / 34 / 35.5
32.5 / 34 / 35.5

Dress13 캐미솔 원피스

어깨끈 다는 곳

11.5
12
12.5
안단추
0.7
걸고리
(왼쪽만)

앞안단선

뒤안단선
뒷몸판
뒷중심
(골선)

트임
끝점
(왼쪽만)

앞몸판
앞중심
(골선)

24 / 25 / 26
24 / 25 / 26
24 / 25 / 26
24 / 25 / 26

어깨끈(2장)

39.2
40
40.8
접음선

2.5

0.2
1.25

뒷몸판쪽
3
3
공그르기 단춧구멍

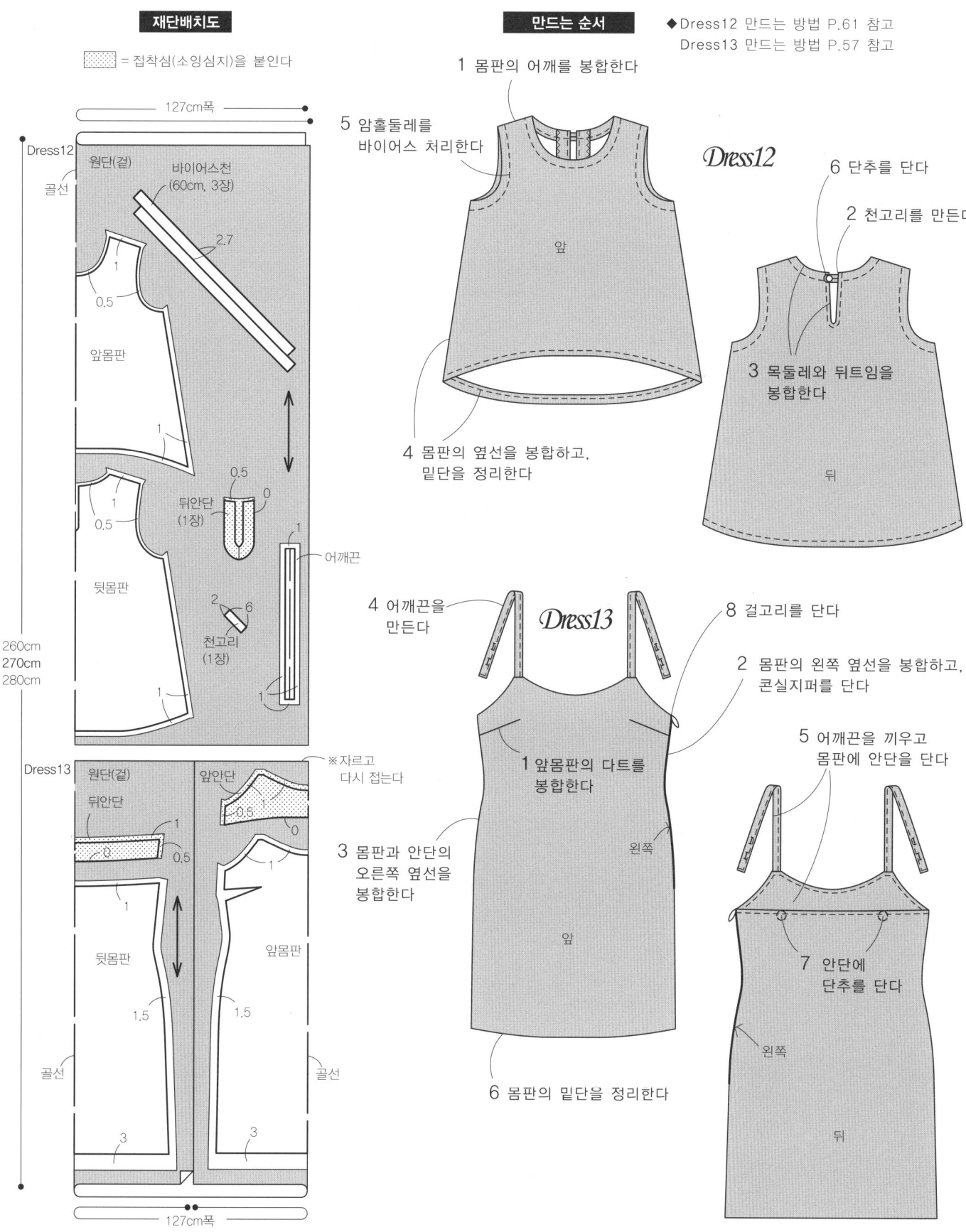

= 접착심(소잉심지)을 붙인다

127cm폭

Dress12

원단(겉)
골선
바이어스천
(60cm, 3장)
2.7
1
0.5
앞몸판
1
0.5
0.5
뒤안단
(1장)
0
어깨끈
앞몸판
1
2
6
천고리
(1장)
1
1

260cm
270cm
280cm

뒷몸판
1

Dress13

원단(겉)
앞안단
※자르고
다시 접는다
뒤안단
1
0.5
0
0.5
1
1
뒷몸판
앞몸판
1.5
1.5
골선
골선
3
3
127cm폭

만드는 순서

◆Dress12 만드는 방법 P.61 참고
Dress13 만드는 방법 P.57 참고

1 몸판의 어깨를 봉합한다

5 암홀둘레를
바이어스 처리한다

Dress12

6 단추를 단다

2 천고리를 만든다

앞

3 목둘레와 뒤트임을
봉합한다

뒤

4 몸판의 옆선을 봉합하고,
밑단을 정리한다

4 어깨끈을
만든다

Dress13

8 걸고리를 단다

2 몸판의 왼쪽 옆선을 봉합하고,
콘실지퍼를 단다

1 앞몸판의 다트를
봉합한다

왼쪽

3 몸판과 안단의
오른쪽 옆선을
봉합한다

5 어깨끈을 끼우고
몸판에 안단을 단다

앞

7 안단에
단추를 단다

왼쪽

6 몸판의 밑단을 정리한다

뒤

Dress 16 (P.16) Dress 17 (P.18)

Dress16 재료

겉감(80수 아사 론) ······ 115cm폭 x 400cm(S) / 410cm(M) / 420cm(L)
접착심(소잉심지) ······ 112cm폭 x 120cm(S) / 130cm(M) / 130cm(L)
단추 ······ 1cm폭 15개

Dress17 재료

겉감(면 타이프라이터) ······ 110cm폭 x 400cm(S) / 410cm(M) / 420cm(L)
접착심(소잉심지) ······ 112cm폭 x 100cm(S) / 110cm(M) / 110cm(L)
단추 ······ 1cm폭 13개

패턴에 대해서

◆실물크기 패턴 : Dress16은 B면 16번, Dress17은 B면 16번, 17번(소매) 패턴을 사용합니다.
◆사용 패턴 : 앞 · 뒤몸판, 앞 · 뒤옆몸판, 앞 · 뒤안단, 겉 · 안칼라, 소매
* 실물크기 패턴에서 몸판과 안단, 오른쪽 앞몸판과 왼쪽 앞몸판은 각각 베껴 사용합니다.
* 천고리, Dress16의 리본은 기재된 치수로 직접 제도하여 사용합니다.
◆패턴 수정하는 방법
* Dress16은 패턴 그대로 사용합니다.
* Dress17은 B면 16번 패턴에서 몸판 밑단 길이를 짧게 하고, 폭은 넓게 수정하여 사용합니다.

완성 사이즈

단위: cm

사이즈	S	M	L
Dress 16 길이	112.5	118	122.5
Dress 17 길이	96.5	101	104.5
가슴둘레	94	98	102
허리둘레	76	80	84

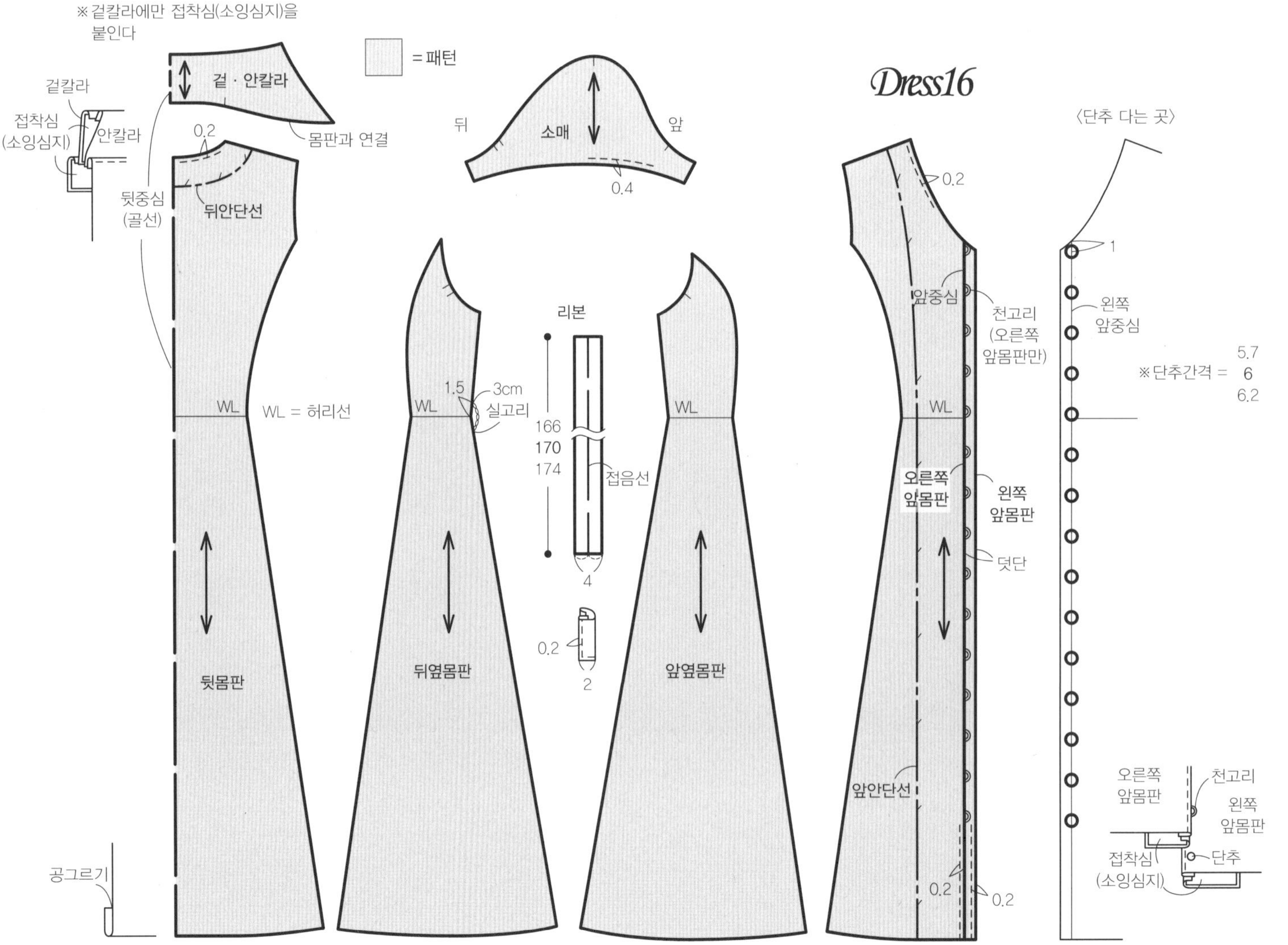

※겉칼라에만 접착심(소잉심지)을 붙인다

겉칼라
접착심(소잉심지)
안칼라
뒷중심(골선)
뒤안단선

= 패턴

겉 · 안칼라
0.2
몸판과 연결

뒤 소매 앞
0.4

Dress16

0.2
앞중심
천고리(오른쪽 앞몸판만)

〈단추 다는 곳〉

WL
WL = 허리선
WL

1.5 3cm 실고리

리본
166
170
174
접음선

4

0.2
2

WL

WL

오른쪽 앞몸판
왼쪽 앞몸판
덧단

뒷몸판

뒤옆몸판

앞옆몸판

앞안단선

0.2 0.2

공그르기

왼쪽 앞중심
1
※단추간격 = 6
5.7
6.2

오른쪽 앞몸판
천고리
왼쪽 앞몸판
접착심(소잉심지)
단추

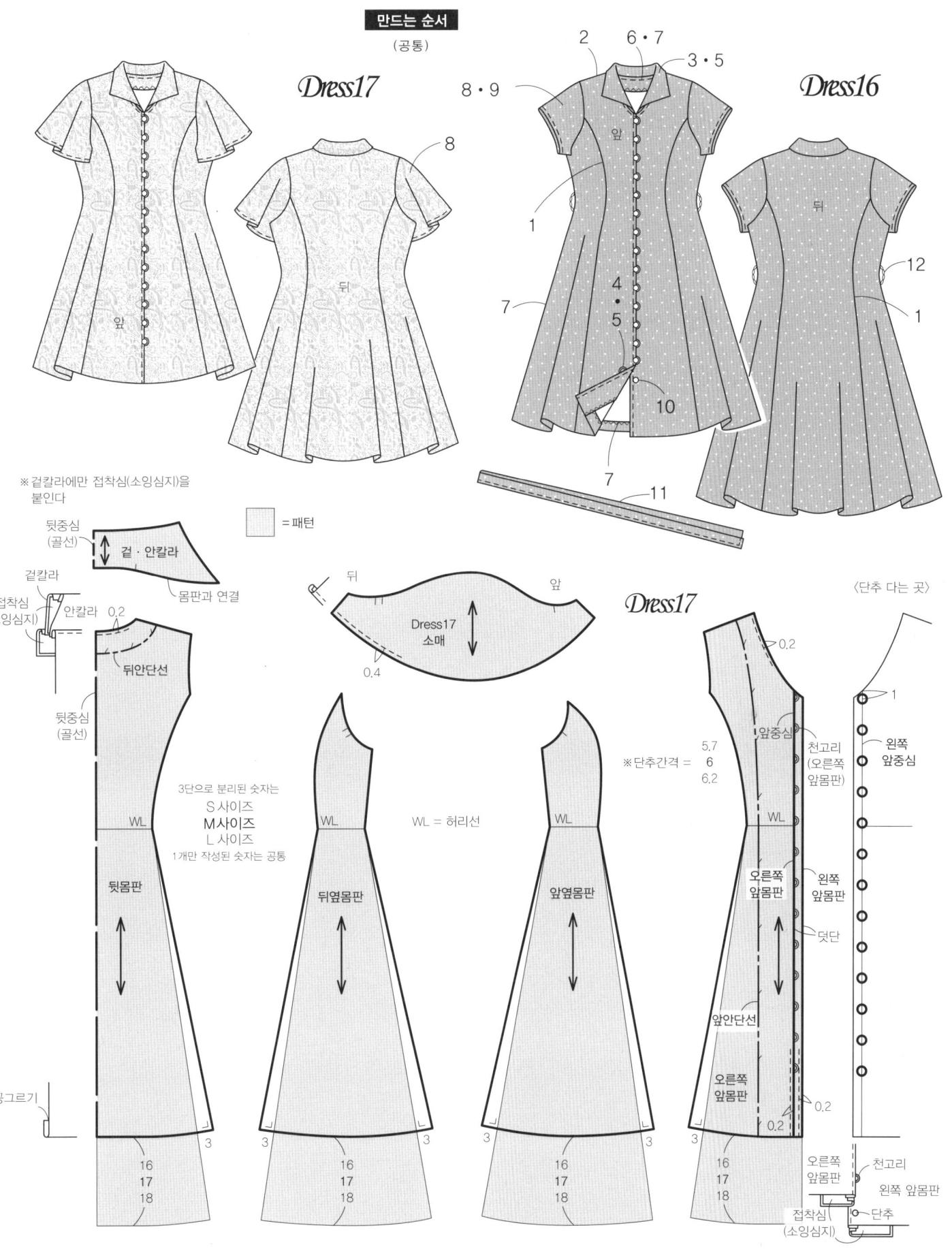

Dress17

Dress16

2

6・7

3・5

8・9

1

앞

7

4・
5

10

7

11

뒤

12

1

※ 겉칼라에만 접착심(소잉심지)을
붙인다

= 패턴

뒷중심
(골선)

겉・안칼라

몸판과 연결

겉칼라

접착심
소잉심지

안칼라

0.2

뒷중심
(골선)

뒤안단선

뒤
앞

Dress17
소매

0.4

Dress17

0.2

앞중심

〈단추 다는 곳〉

1

천고리
(오른쪽
앞몸판)

왼쪽
앞중심

3단으로 분리된 숫자는
S 사이즈
M사이즈
L 사이즈
1개만 작성된 숫자는 공통

WL

WL

WL

WL = 허리선

WL

※단추간격 =

5.7
6
6.2

뒷몸판

뒤옆몸판

앞옆몸판

오른쪽
앞몸판

왼쪽
앞몸판

덧단

앞안단선

공그르기

오른쪽
앞몸판

0.2

0.2

3

3

3

3

3

3

오른쪽
앞몸판

천고리

16
17
18

16
17
18

16
17
18

16
17
18

왼쪽 앞몸판

접착심
(소잉심지)

단추

Dress16 재단배치도

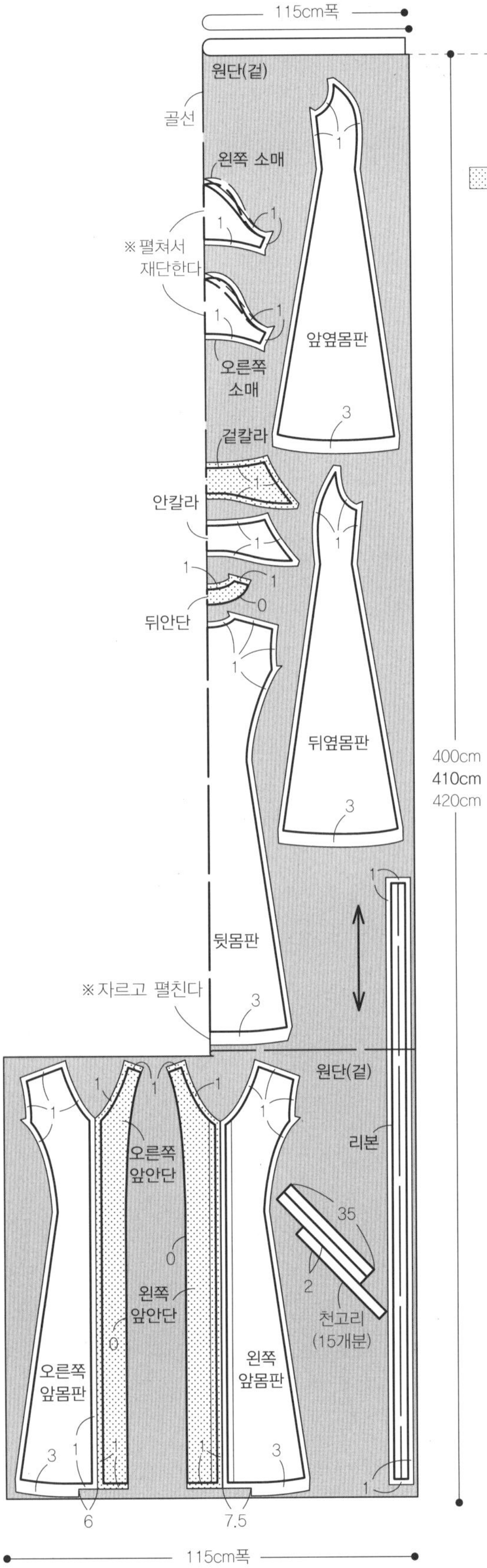

← 115cm폭 →

원단(겉)

골선

왼쪽 소매　1

※펼쳐서 재단한다　1

오른쪽 소매

겉칼라

안칼라　1

앞옆몸판　3

뒤안단　0

뒤옆몸판　3

400cm
410cm
420cm

※자르고 펼친다

뒷몸판　3

리본

오른쪽 앞안단　0

왼쪽 앞안단　0

왼쪽 앞몸판　3

35
2
천고리(15개분)

오른쪽 앞몸판　3

6　7.5

← 115cm폭 →

▨ = 접착심(소잉심지)을 붙인다

Dress17 재단배치도

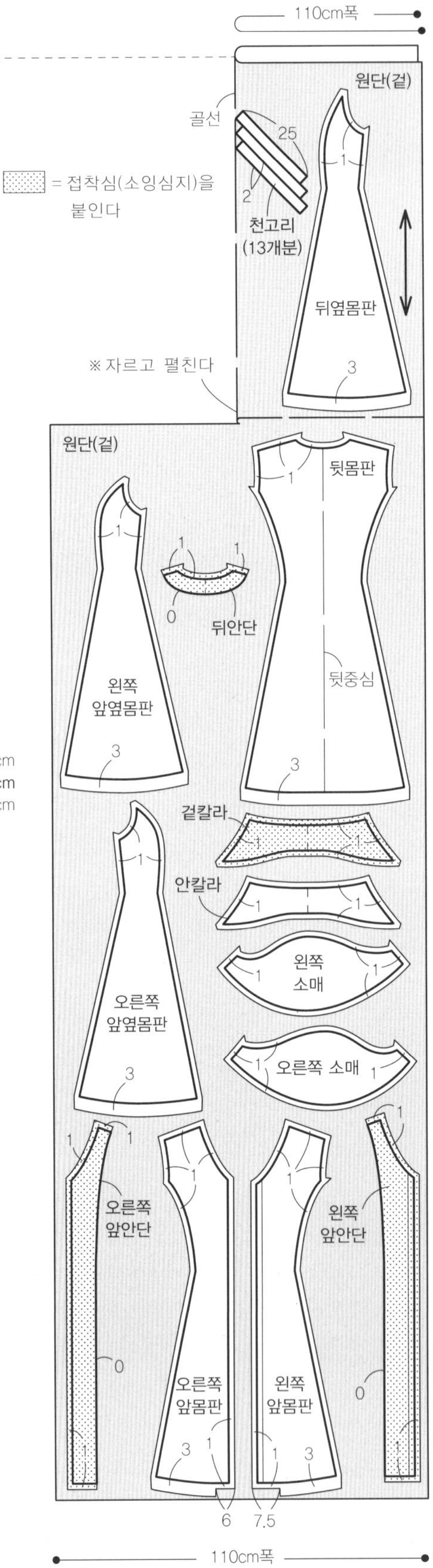

← 110cm폭 →

원단(겉)

골선

25
2
천고리(13개분)

뒤옆몸판　3
1

※자르고 펼친다

원단(겉)

뒷몸판　1

뒤안단　0

왼쪽 앞옆몸판　3

뒷중심

오른쪽 앞옆몸판　3

겉칼라

안칼라

왼쪽 소매　1

오른쪽 소매　1

오른쪽 앞안단　0

왼쪽 앞안단　0

오른쪽 앞몸판　3

왼쪽 앞몸판　3

6　7.5

← 110cm폭 →

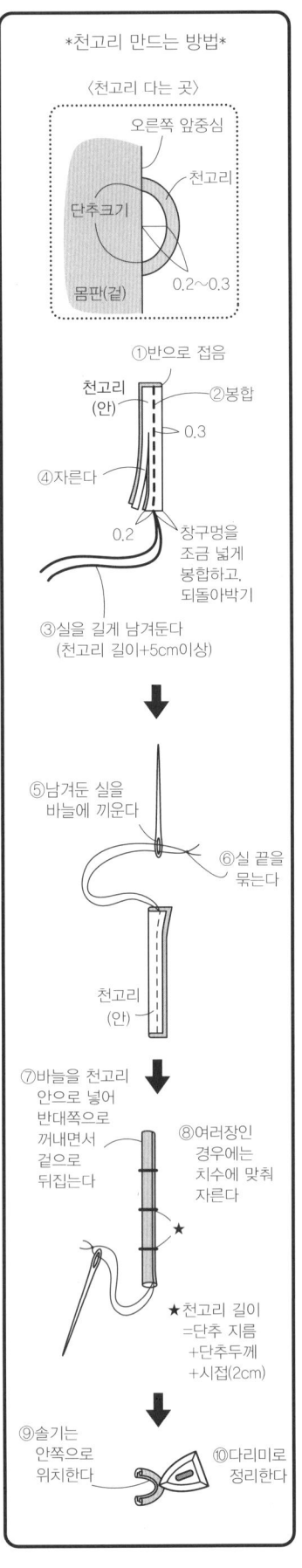

천고리 만드는 방법

〈천고리 다는 곳〉
오른쪽 앞중심
천고리
단추크기
몸판(겉)
0.2~0.3

①반으로 접음
천고리(안)
②봉합
0.3
④자른다
0.2
창구멍을 조금 넓게 봉합하고, 되돌아박기
③실을 길게 남겨둔다 (천고리 길이+5cm이상)

⑤남겨둔 실을 바늘에 끼운다
⑥실 끝을 묶는다
천고리(안)

⑦바늘을 천고리 안으로 넣어 반대쪽으로 꺼내면서 겉으로 뒤집는다
⑧여러장인 경우에는 치수에 맞춰 자른다
★천고리 길이 =단추 지름 +단추두께 +시접(2cm)

⑨솔기는 안쪽으로 위치한다
⑩다리미로 정리한다

◆준비◆ ①앞 · 뒤안단, 걸칼라에 접착심(소잉심지)을 붙인다
②앞 · 뒤몸판의 어깨, 옆선, 밑단, 앞 · 뒤옆몸판의 옆선, 밑단, 앞 · 뒤안단의 바깥둘레, 소매의 옆선에
지그재그봉제 또는 오버록 처리한다

1 몸판의 절개선을 봉합한다

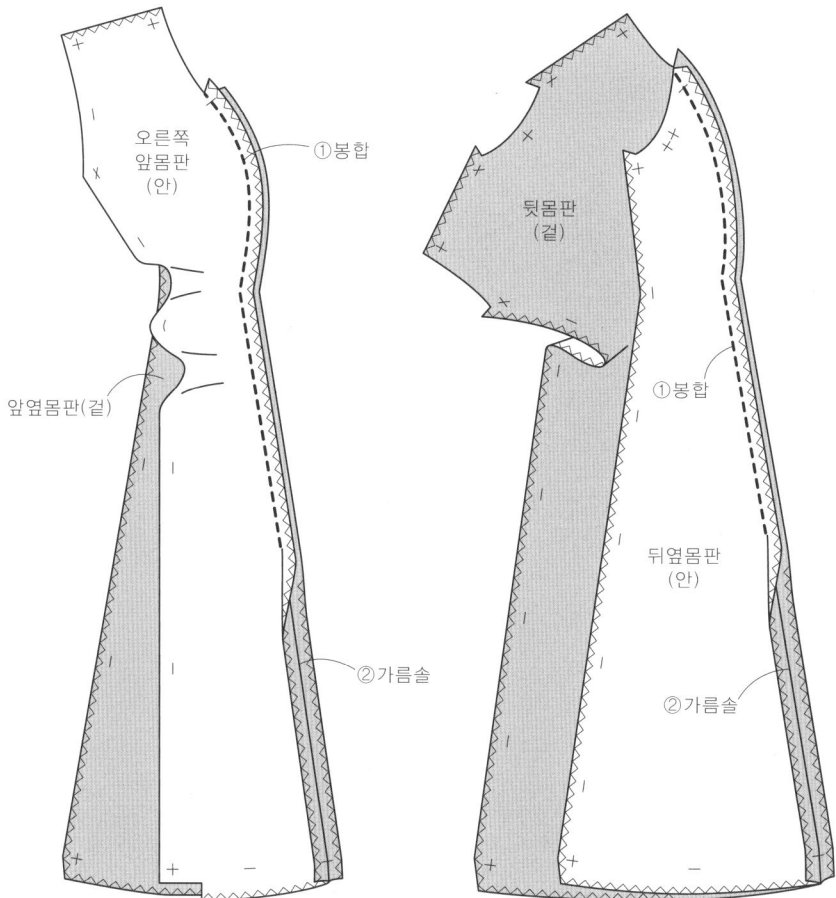

앞옆몸판(겉)

오른쪽
앞몸판
(안)

①봉합

②가름솔

※반대쪽도 같은 방법으로 만든다

뒷몸판
(겉)

①봉합

뒤옆몸판
(안)

②가름솔

※반대쪽도 같은 방법으로 만든다

2 몸판과 안단의 어깨를 봉합한다

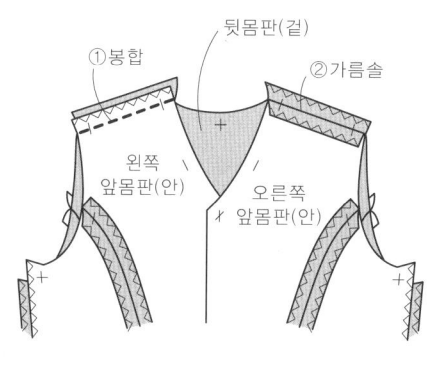

①봉합

뒷몸판(겉)

②가름솔

왼쪽
앞몸판(안)

오른쪽
앞몸판(안)

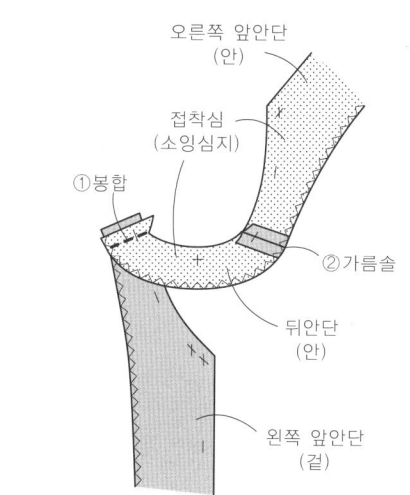

오른쪽 앞안단
(안)

접착심
(소잉심지)

①봉합

②가름솔

뒤안단
(안)

왼쪽 앞안단
(겉)

3 칼라를 만든다

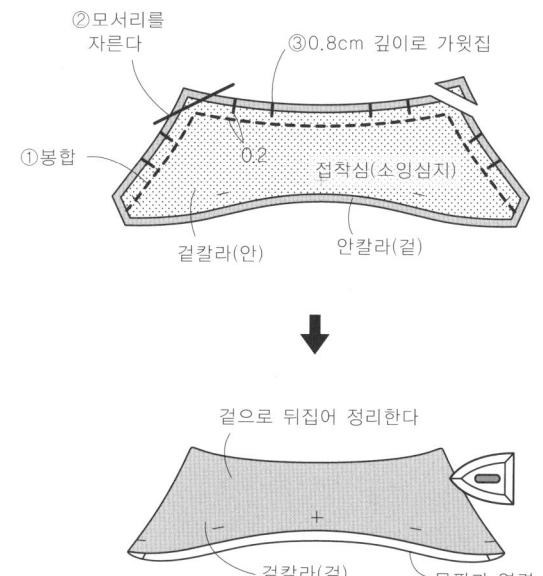

②모서리를
자른다

③0.8cm 깊이로 가윗집

①봉합

0.2

접착심(소잉심지)

겉칼라(안)

안칼라(겉)

겉으로 뒤집어 정리한다

겉칼라(겉)

몸판과 연결

4 천고리를 만든다(P.66 참고)

5 몸판에 칼라와 천고리를 단다

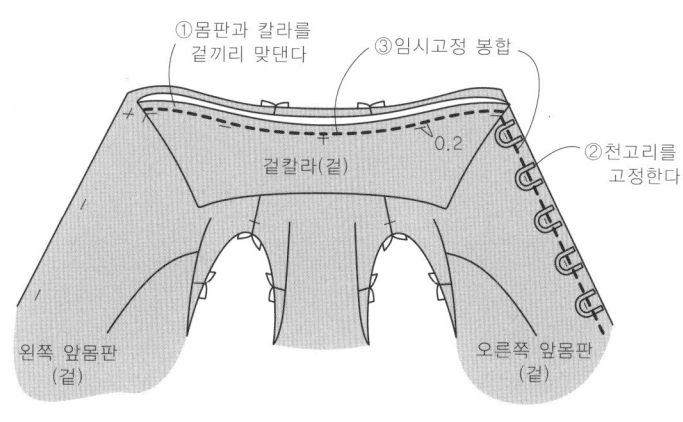

①몸판과 칼라를
겉끼리 맞댄다

③임시고정 봉합

0.2

겉칼라(겉)

②천고리를
고정한다

왼쪽 앞몸판
(겉)

오른쪽 앞몸판
(겉)

6 몸판에 안단을 단다

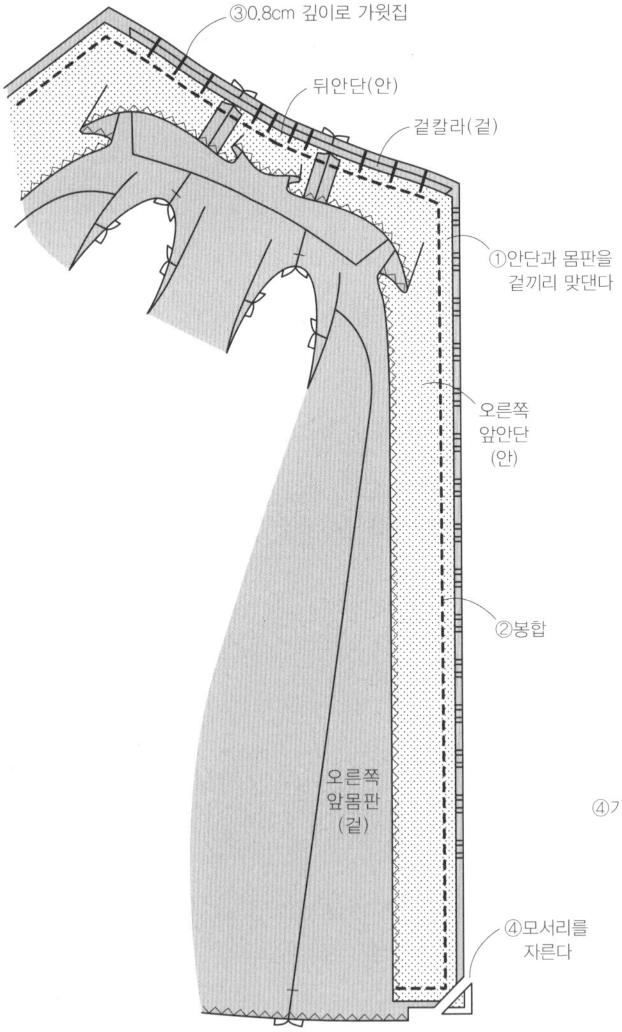

③0.8cm 깊이로 가윗집

뒤안단(안)

겉칼라(겉)

①안단과 몸판을 겉끼리 맞댄다

오른쪽 앞안단(안)

②봉합

오른쪽 앞몸판(겉)

④모서리를 자른다

7 몸판의 옆선을 봉합하고, 목둘레, 앞끝, 밑단을 정리한다

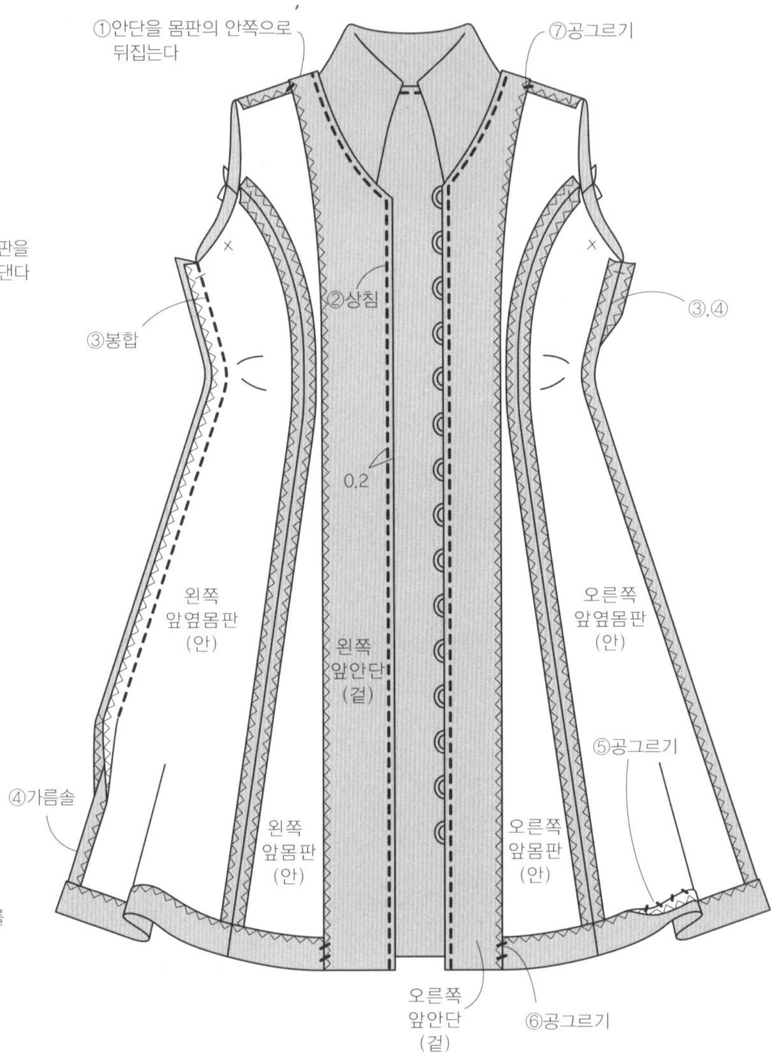

①안단을 몸판의 안쪽으로 뒤집는다

⑦공그르기

③봉합

②상침

③.④

0.2

왼쪽 앞옆몸판(안)

왼쪽 앞안단(겉)

오른쪽 앞옆몸판(안)

④가름솔

왼쪽 앞몸판(안)

오른쪽 앞몸판(안)

⑤공그르기

오른쪽 앞안단(겉)

⑥공그르기

8 소매를 만든다(소매산 오그림 주는 방법 P.39/11 참고)

[Dress16]

①큰 땀으로 두 줄 봉합한다

0.5

②소매옆선을 봉합하고, 가름솔한다

0.2

0.2

③두 번 접어 상침

[Dress17]

①큰 땀으로 두 줄 봉합한다

0.5

②소매옆선을 봉합하고, 가름솔한다

0.2

0.2

③두 번 접어 상침

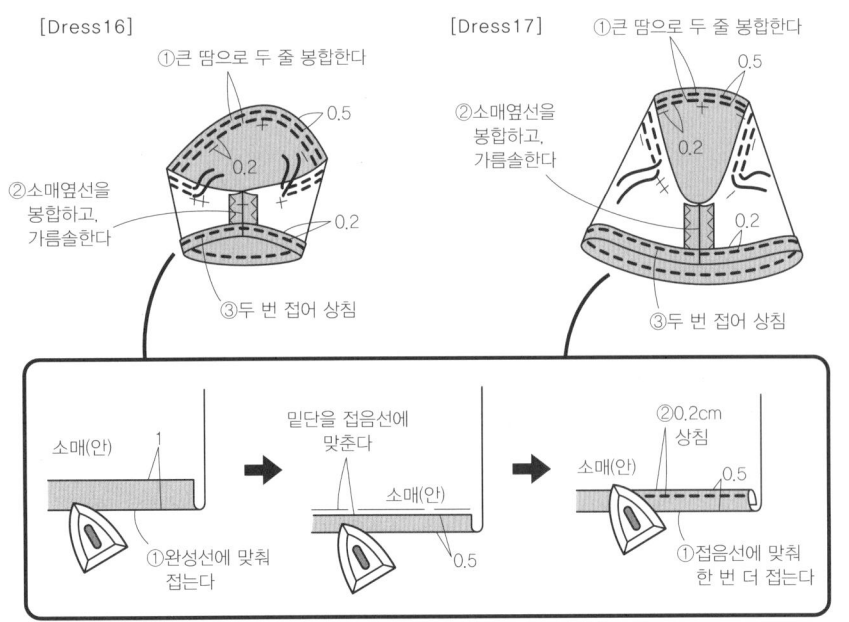

소매(안)

1

①완성선에 맞춰 접는다

밑단을 접음선에 맞춘다

소매(안)

0.5

②0.2cm 상침

소매(안)

0.5

①접음선에 맞춰 한 번 더 접는다

9 몸판에 소매를 단다(P.39/12 참고)

10 단추를 단다

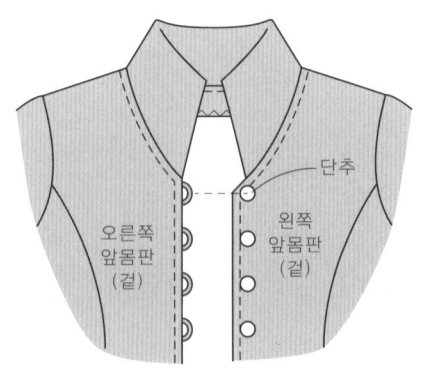

단추

오른쪽 앞몸판(겉)

왼쪽 앞몸판(겉)

11 리본을 만든다.(Dress16 P.71/12 참고)

12 실고리를 만든다(Dress16 P.71/14 참고)

완성

Dress 19 (P.20)

재료

겉감(수직 실크) ····· 110cm폭 x 330cm(S) / 340cm(M) / 350cm(L)

접착심(소잉심지) ····· 112cm폭 x 20cm

콘실지퍼 ····· 60cm길이 1개

걸고리(소) ····· 1쌍

패턴에 대해서

◆ 실물크기 패턴 : A면 19번 패턴을 사용합니다.

◆ 사용 패턴 : 앞·뒤몸판, 앞·뒤안단, 앞·뒤스커트, 소매

＊ 실물크기 패턴에서 몸판과 안단은 각각 베껴 사용합니다.

＊ 리본은 기재된 치수로 직접 제도하여 사용합니다.

재단배치도

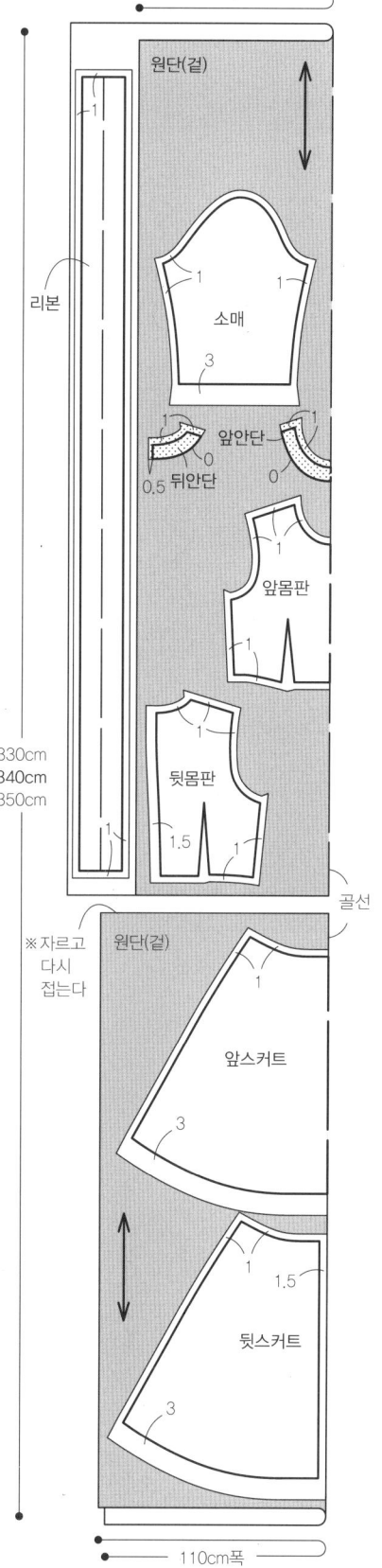

110cm폭

원단(겉)

리본

1

1

소매

1

3

앞안단

0.5 뒤안단 0

앞몸판

뒷몸판

1.5

330cm
340cm
350cm

※ 자르고 다시 접는다

골선

원단(겉)

1

앞스커트

3

1 1.5

뒷스커트

3

110cm폭

완성 사이즈

단위 : cm

사이즈	S	M	L
옷길이	91	96	100
가슴둘레	93	97	101
허리둘레	76	80	84

3단으로 분리된 숫자는
S 사이즈
M 사이즈
L 사이즈
1개만 작성된 숫자는 공통

뒤　　앞

소매

공그르기

= 패턴

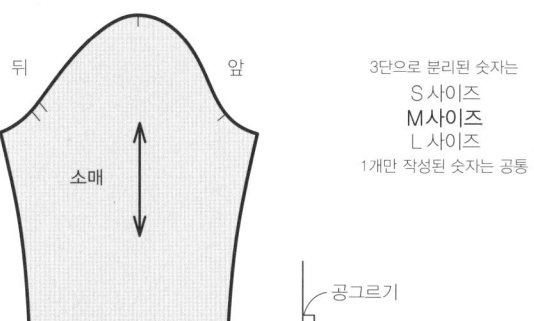

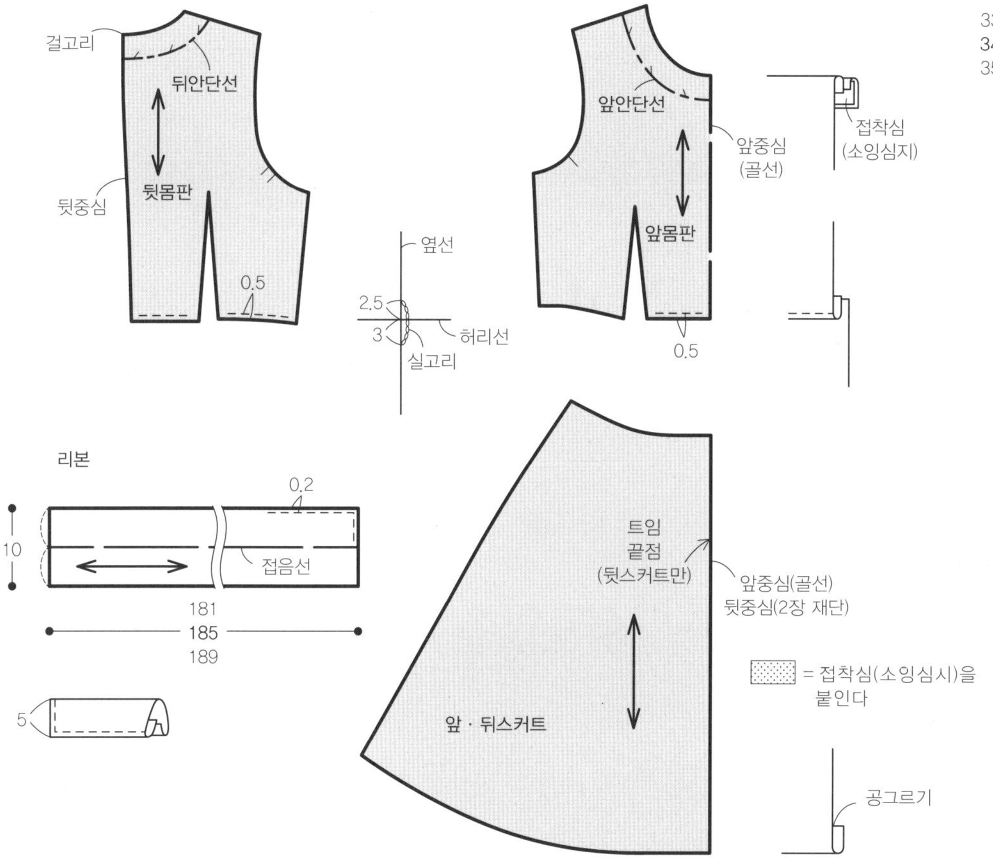

걸고리

뒤안단선

뒷몸판

뒷중심

0.5

옆선

2.5
3
허리선
실고리

앞안단선

앞중심
(골선)

앞몸판

접착심
(소잉심지)

0.5

리본

0.2

10

접음선

181
185
189

5

트임
끝점
(뒷스커트만)

앞중심(골선)
뒷중심(2장 재단)

앞·뒤스커트

= 접착심(소잉심시)을
붙인다

공그르기

만드는 순서

8 • 9
13
2
10 • 11
앞
1
2
4
14
3
6
12
뒤
7
1
5

만드는 방법

◆준비◆ ①앞 · 뒤안단에 접착심(소잉심지)을 붙인다
②앞 · 뒤몸판의 어깨와 옆선, 뒷몸판의 뒷중심, 앞 · 뒤안단의 바깥둘레,
앞 · 뒤스커트의 옆선과 밑단, 뒷스커트의 뒷중심, 소매의 옆선과 밑단에
지그재그봉제 또는 오버록 처리를 한다

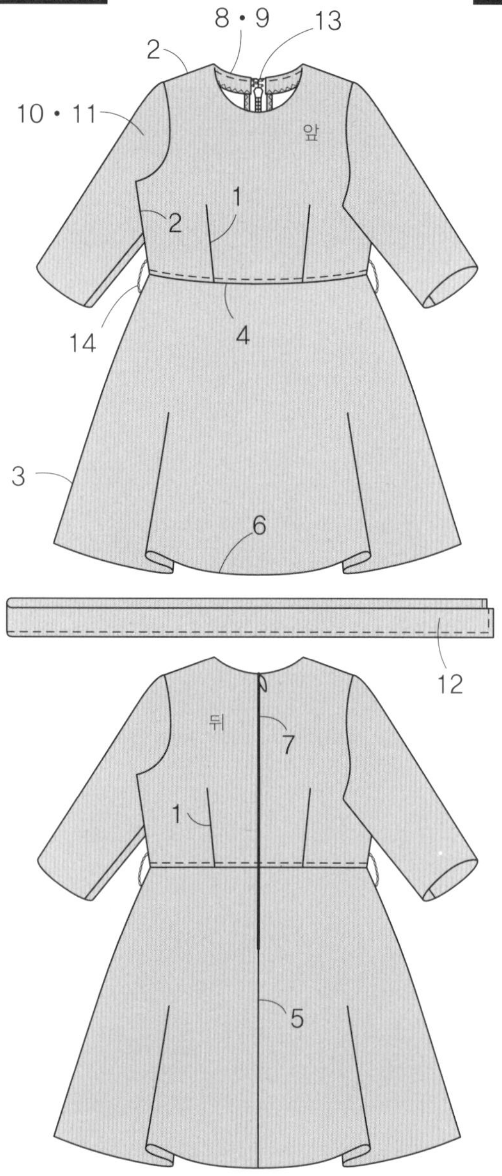

1 몸판의 다트를 봉합한다

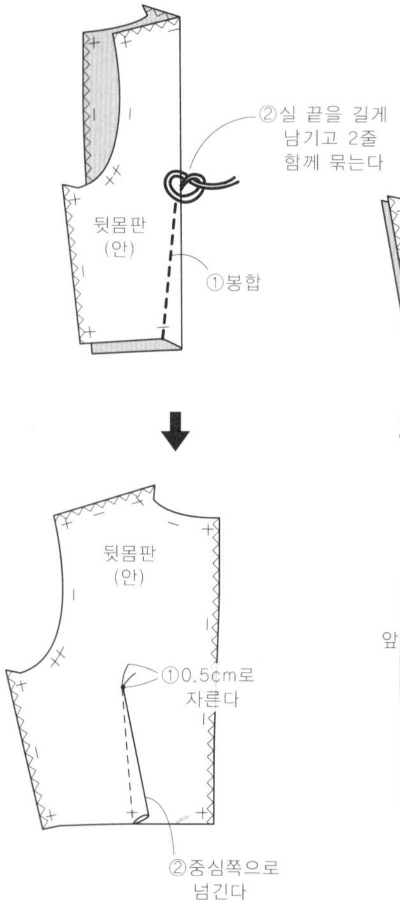

②실 끝을 길게
남기고 2줄
함께 묶는다
뒷몸판
(안)
①봉합
뒷몸판
(안)
①0.5cm로
자른다
②중심쪽으로
넘긴다

※앞몸판도 같은 방법으로 만든다

2 몸판의 어깨와 옆선을 봉합한다

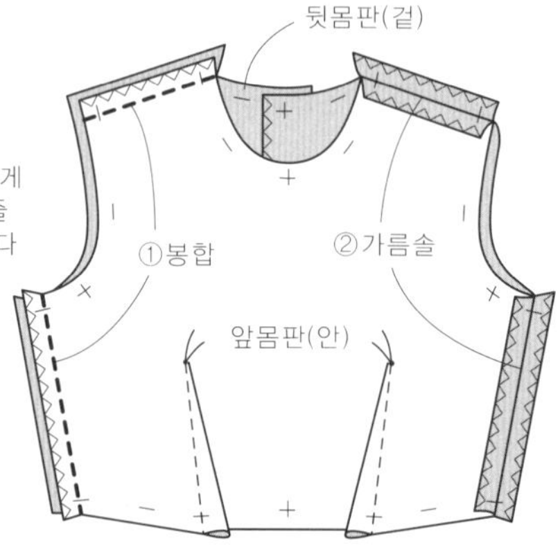

뒷몸판(겉)
①봉합
②가름솔
앞몸판(안)

3 스커트의 옆선을 봉합한다

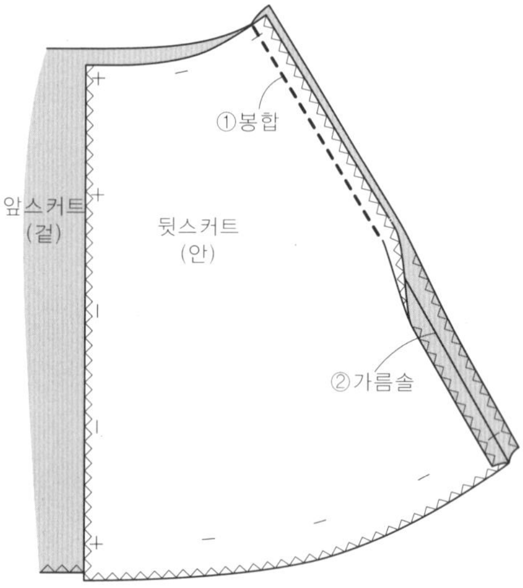

①봉합
앞스커트
(겉)
뒷스커트
(안)
②가름솔

4 몸판과 스커트를 봉합한다

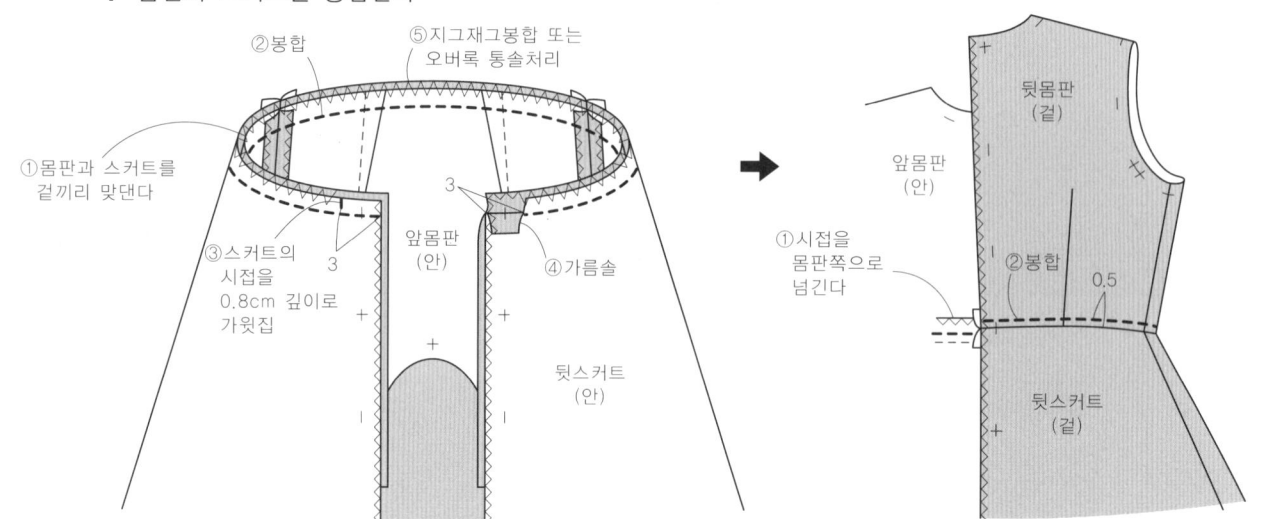

②봉합
⑤지그재그봉합 또는
오버록 통솔처리
①몸판과 스커트를
겉끼리 맞댄다
3
③스커트의
시접을
0.8cm 깊이로
가윗집
3
앞몸판
(안)
④가름솔
뒷스커트
(안)
뒷몸판
(겉)
앞몸판
(안)
①시접을
몸판쪽으로
넘긴다
②봉합
0.5
뒷스커트
(겉)

5 뒷몸판의 뒷중심을 봉합한다

6 스커트의 밑단을 정리한다

7 뒷몸판에 콘실지퍼를 단다(P.33/3 참고)

8 안단의 어깨를 봉합한다(P.35/4 참고)

9 목둘레를 봉합한다

10 소매를 만든다
(P.37/8, P.39/11 참고)

11 몸판에 소매를 단다(P.39/12 참고)

12 리본을 만든다

13 걸고리를 단다(P.39/13 참고)

14 실고리를 만든다(스티칭 프라임실을 사용)

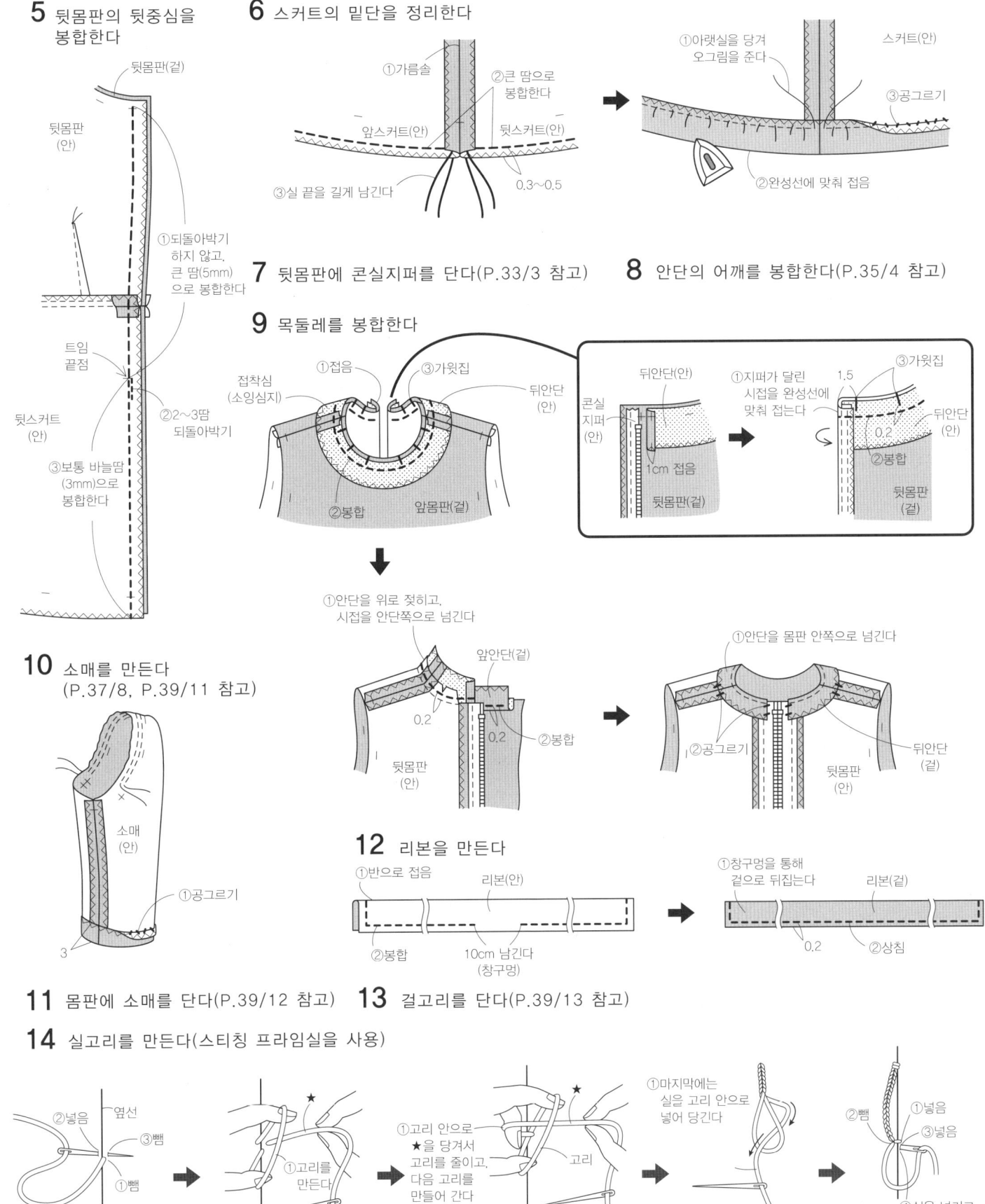

완성

Dress 18 (P.19)

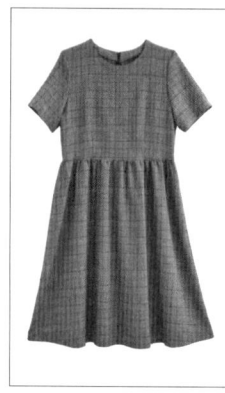

재료

겉감(글렌 체크 울) …… 144cm폭 x 220cm(S) / 230cm(M) / 240cm(L)

접착심(소잉심지) …… 112cm폭 x 20cm

콘실지퍼 …… 60cm길이 1개

걸고리(소) …… 1쌍

패턴에 대해서

◆실물크기 패턴 : A면 19번(몸판, 소매), A면 15번(스커트) 패턴을 사용합니다.

◆사용 패턴 : 앞 · 뒤몸판, 앞 · 뒤안단, 앞 · 뒤스커트, 소매

* 실물크기 패턴에서 몸판과 안단은 각각 베껴 사용합니다.

◆패턴 수정하는 방법

* A면 19번 패턴에서 소매길이를 짧게 수정하여 사용합니다.

* A면 15번 패턴에서 스커트 길이를 짧게 수정하고, 주름 분량을 추가하여 사용합니다.

완성 사이즈

단위: cm

사이즈	S	M	L
옷길이	96	101	105
가슴둘레	93	97	101
허리둘레	76	80	84

3단으로 분리된 숫자는
S사이즈
M사이즈
L사이즈
1개만 작성된 숫자는 공통

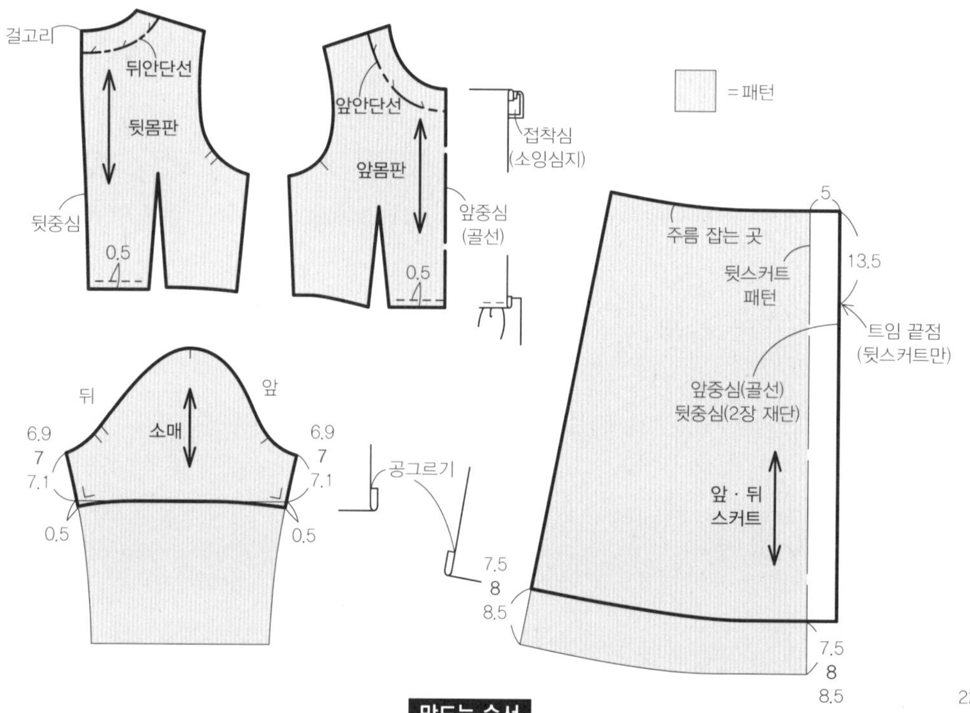

걸고리
뒤안단선
뒷몸판
뒷중심
0.5
앞안단선
앞몸판
앞중심
(골선)
0.5
접착심
(소잉심지)
=패턴
주름 잡는 곳
뒷스커트
패턴
5
13.5
트임 끝점
(뒷스커트만)
앞중심(골선)
뒷중심(2장 재단)
앞 · 뒤
스커트
7.5
8
8.5
7.5
8
8.5
공그르기
뒤
앞
소매
6.9
7
7.1
6.9
7
7.1
0.5
0.5

만드는 순서

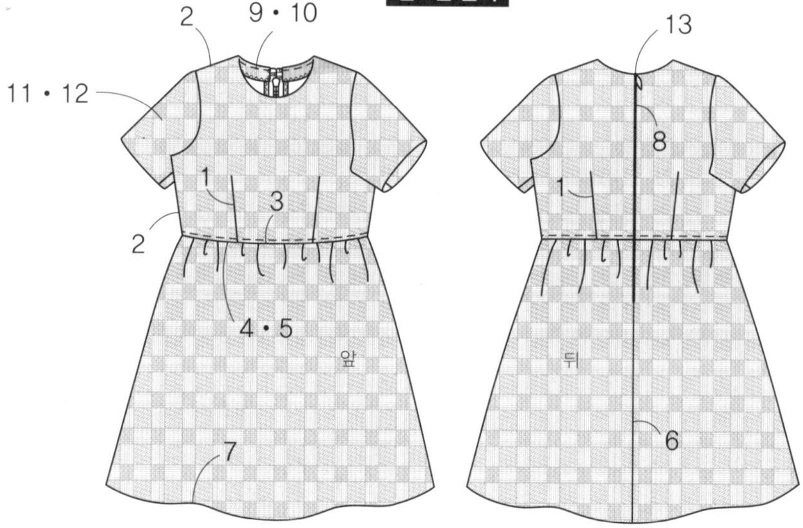

2
9 · 10
11 · 12
1
3
2
4 · 5
앞
7
13
8
1
뒤
6

재단배치도

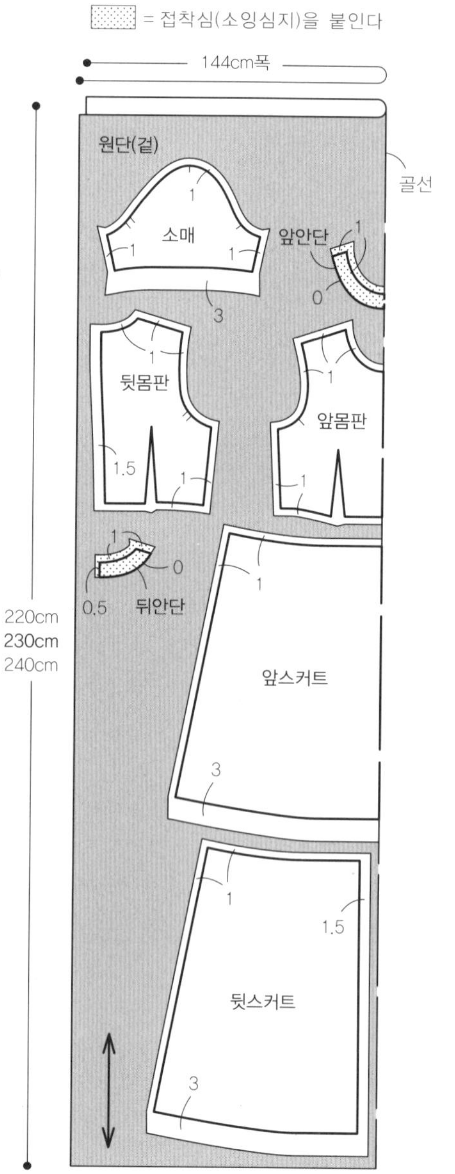

= 접착심(소잉심지)을 붙인다
144cm폭
원단(겉)
골선
소매
1
1
1
3
앞안단
1
0
뒷몸판
1
1.5
1
앞몸판
1
1
0.5
뒤안단
1
0
220cm
230cm
240cm
앞스커트
1
3
뒷스커트
1
1.5
3

◆준비◆ ①앞·뒤안단에 접착심(소잉심지)을 붙인다.
②앞·뒤몸판의 어깨와 옆선, 뒷몸판의 뒷중심. 앞·뒤안단의 바깥둘레.
앞·뒤스커트의 옆선과 밑단, 소매의 옆선과 밑단에 지그재그봉제 또는 오버록 처리한다

1 몸판의 다트를 봉합한다(P.70/1 참고)

2 몸판의 어깨와 옆선을 봉합한다(P.70/2 참고)

3 몸판에 맞춤점을 표시한다

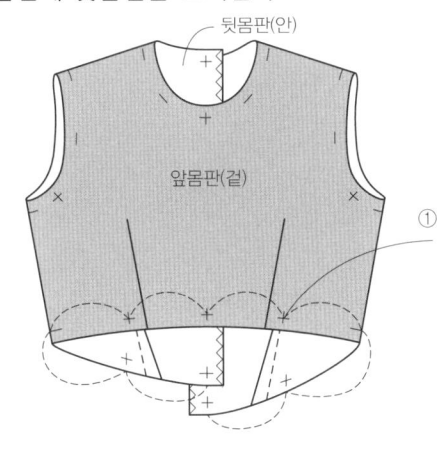

뒷몸판(안)
앞몸판(겉)
①앞중심. 뒷중심부터
옆선까지를
등분하여 맞춤점을
표시한다

4 스커트를 만든다

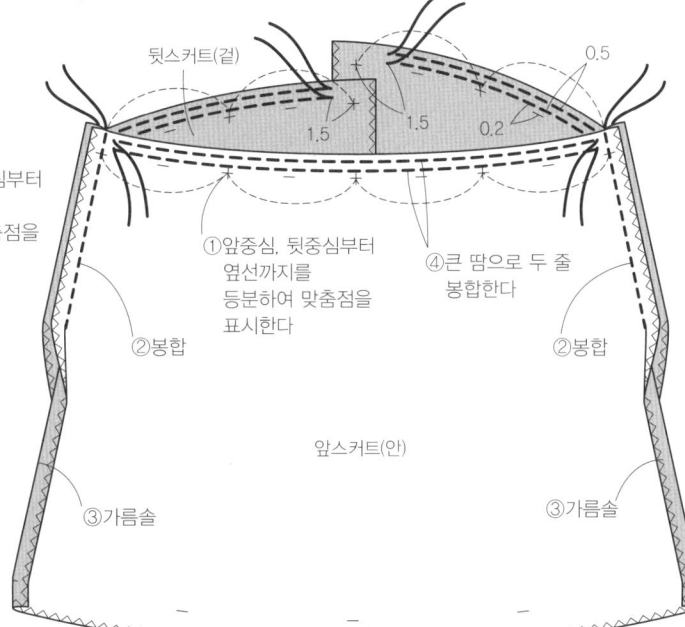

뒷스커트(겉)
0.5
1.5 1.5 0.2
①앞중심. 뒷중심부터
옆선까지를
등분하여 맞춤점을
표시한다
④큰 땀으로 두 줄
봉합한다
②봉합
②봉합
앞스커트(안)
③가름솔
③가름솔

5 몸판과 스커트를 봉합한다

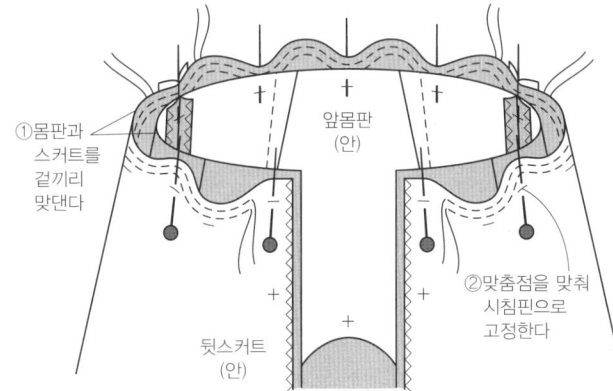

①몸판과
스커트를
겉끼리
맞댄다
앞몸판
(안)
②맞춤점을 맞춰
시침핀으로
고정한다
뒷스커트
(안)

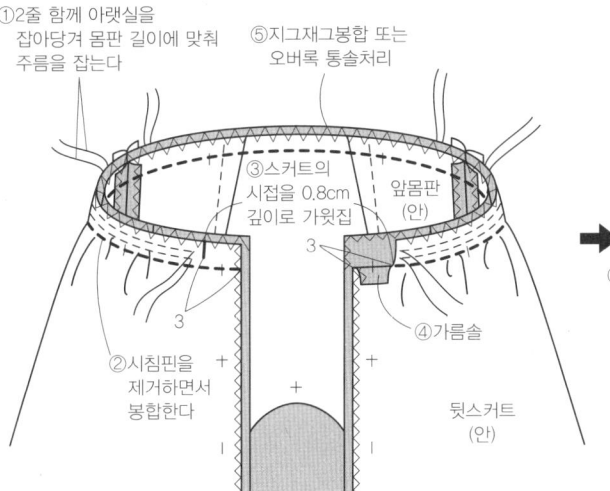

①2줄 함께 아랫실을
잡아당겨 몸판 길이에 맞춰
주름을 잡는다
⑤지그재그봉합 또는
오버록 통솔처리
③스커트의
시접을 0.8cm
깊이로 가윗집
앞몸판
(안)
3
3
④가름솔
②시침핀을
제거하면서
봉합한다
뒷스커트
(안)

6 뒷몸판의 뒷중심을 봉합한다(P.32/2 참고)

7 스커트의 밑단을 정리한다(P.78/9 참고)

8 뒷몸판에 콘실지퍼를 단다(P.33/3 참고)

9 안단의 어깨를 봉합한다(P.35/4 참고)

10 몸판에 안단을 단다(P.35/5 참고)

11 소매를 만들고(P.37/8 참고)
소매산에 오그림을 준다
(P.39/11 참고)

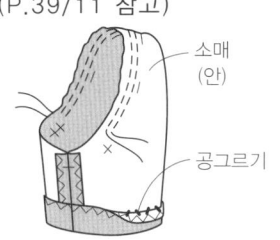

소매
(안)
공그르기

뒷몸판
(겉)
앞몸판
(안)
①시접을
몸판쪽으로
넘긴다
②봉합 0.5
뒷스커트
(겉)

12 몸판에 소매를 단다
(P.39/12 참고)

13 걸고리를 단다
(P.39/13 참고)

완성

Dress 23 (P.25)

재료

겉감(레이온 린넨 혼방) ······ 106cm폭 x 270cm(S) / 280cm(M) / 290cm(L)

접착심(소잉심지) ······ 112cm폭 x 60cm

콘실지퍼 ······ 60cm길이 1개

걸고리(소) ······ 1쌍

패턴에 대해서

◆ 실물크기 패턴 : B면 5번(몸판) , A면 15번(스커트) 패턴을 사용합니다.

◆ 사용 패턴 : 앞 · 뒤몸판, 앞 · 뒤안단, 앞 · 뒤스커트

* 실물크기 패턴에서 몸판과 안단은 각각 베껴 사용합니다.

* 칼라는 기재된 치수로 직접 제도하여 사용합니다.

◆ 패턴 수정하는 방법

* A면 15번 패턴에서 스커트 길이를 짧게 수정하여 사용합니다.

완성 사이즈

단위: cm

사이즈	S	M	L
옷길이	96.5	101.5	105.5
가슴둘레	93	97	101
엉덩이둘레	74	78	82

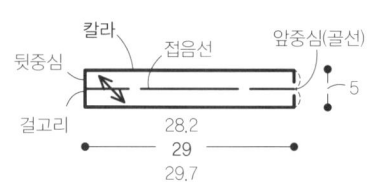

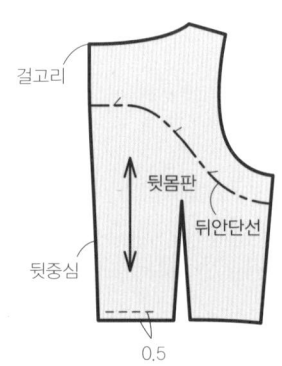

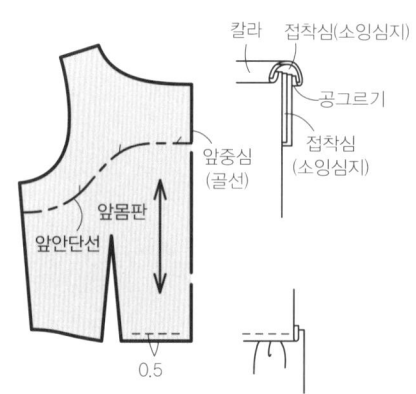

3단으로 분리된 숫자는
S 사이즈
M사이즈
L 사이즈
1개만 작성된 숫자는 공통

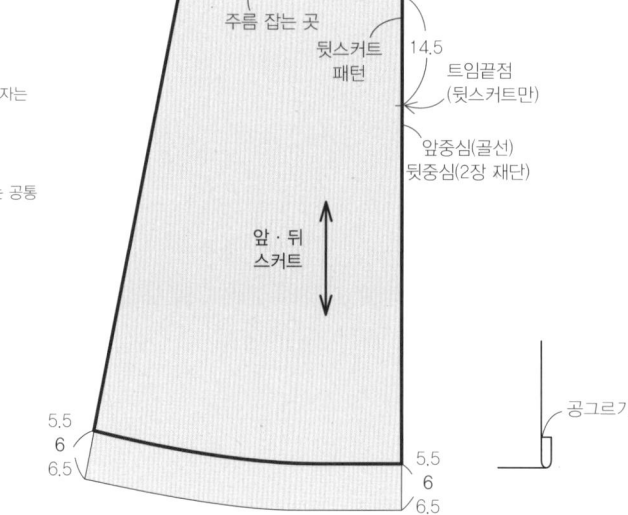

만드는 순서

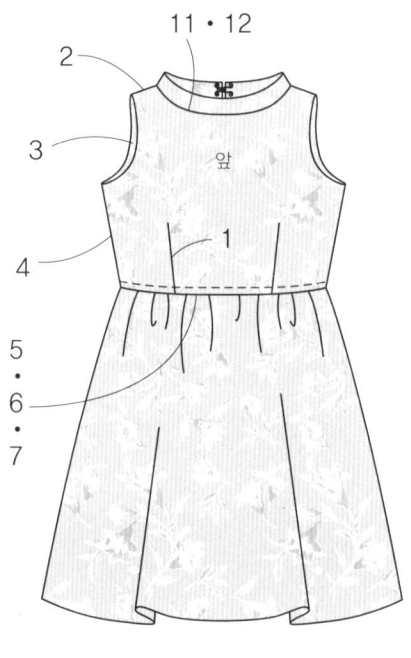

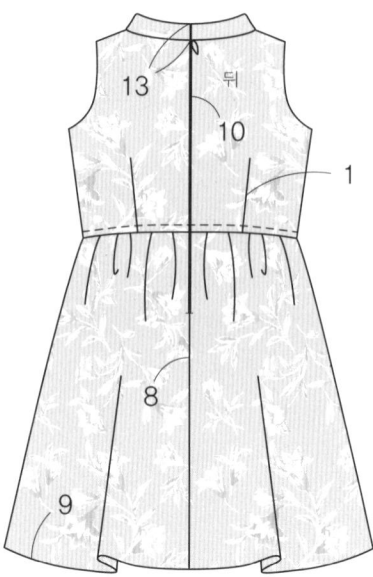

74

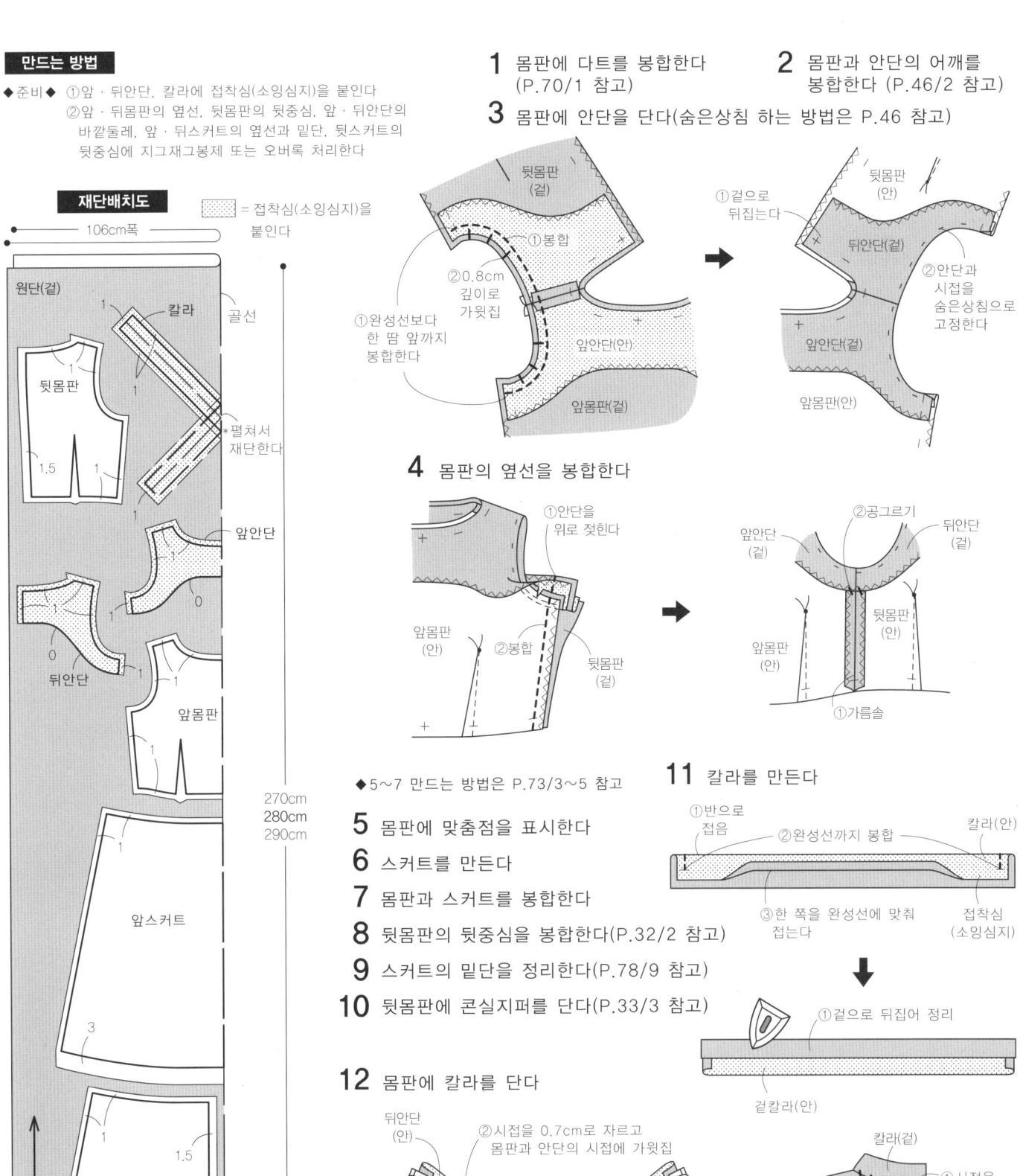

만드는 방법

◆ 준비 ◆ ① 앞·뒤안단, 칼라에 접착심(소잉심지)을 붙인다
② 앞·뒤몸판의 옆선. 뒷몸판의 뒷중심, 앞·뒤안단의 바깥둘레, 앞·뒤스커트의 옆선과 밑단. 뒷스커트의 뒷중심에 지그재그봉제 또는 오버록 처리한다

재단배치도

⬚ = 접착심(소잉심지)을 붙인다

106cm폭

원단(겉)

골선

칼라

1 / 1

뒷몸판
1 / 1.5 / 1

*펼쳐서 재단한다

앞안단

1 / 0

뒤안단 / 0 / 1

앞몸판

270cm
280cm
290cm

앞스커트
1 / 3

뒷스커트
1 / 1.5 / 3

1 몸판에 다트를 봉합한다 (P.70/1 참고)

2 몸판과 안단의 어깨를 봉합한다 (P.46/2 참고)

3 몸판에 안단을 단다(숨은상침 하는 방법은 P.46 참고)

뒷몸판(겉)
①봉합
①완성선보다 한 땀 앞까지 봉합한다
②0.8cm 깊이로 가윗집
앞안단(안)
앞몸판(겉)

①겉으로 뒤집는다
뒷몸판(안)
뒤안단(겉)
②안단과 시접을 숨은상침으로 고정한다
앞안단(겉)
앞몸판(안)

4 몸판의 옆선을 봉합한다

①안단을 위로 젖힌다
앞몸판(안)
②봉합
뒷몸판(겉)

②공그르기
앞안단(겉)
뒤안단(겉)
앞몸판(안)
뒷몸판(안)
①가름솔

◆5~7 만드는 방법은 P.73/3~5 참고

5 몸판에 맞춤점을 표시한다
6 스커트를 만든다
7 몸판과 스커트를 봉합한다
8 뒷몸판의 뒷중심을 봉합한다(P.32/2 참고)
9 스커트의 밑단을 정리한다(P.78/9 참고)
10 뒷몸판에 콘실지퍼를 단다(P.33/3 참고)

11 칼라를 만든다

①반으로 접음
②완성선까지 봉합
칼라(안)
③한 쪽을 완성선에 맞춰 접는다
접착심(소잉심지)

①겉으로 뒤집어 정리
겉칼라(안)

12 몸판에 칼라를 단다

뒤안단(안)
②시접을 0.7cm로 자르고 몸판과 안단의 시접에 가윗집
겉칼라(안)
젖힌다
①봉합
앞몸판(겉)
뒷몸판(겉)

칼라(겉)
①시접을 칼라 안에 넣고 공그르기
뒤안단(겉)
뒷몸판(안)

13 걸고리를 단다(P.39/13 참고)

완성

75

Dress 20 (P.22) Dress 21 (P.23)

재료

Dress20 겉감(트윌 스트레치) ····· 127cm폭 x 250cm(S) / 260cm(M) / 270cm(L)

Dress21 겉감(소프트 스트레치 조젯) ····· 142cm폭 x 250cm(S) / 260cm(M) / 270cm(L)

접착심(소잉심지) ····· 112cm폭 x 30cm

패턴에 대해서

◆ 실물크기 패턴 : B면 21번 패턴을 사용합니다.

◆ 사용 패턴 : 앞·뒤몸판, 앞·뒤안단, 앞·뒤스커트

* 실물크기 패턴에서 몸판과 안단은 각각 베껴 사용합니다.

◆ 패턴 수정하는 방법

* 바이어스천, Dress21의 칼라는 기재된 치수로 직접 제도하여 사용합니다.

완성 사이즈

단위: cm

사이즈	S	M	L
옷길이	86.5	91	94.5

3단으로 분리된 숫자는
S 사이즈
M 사이즈
L 사이즈
1개만 작성된 숫자는 공통

Dress21 칼라

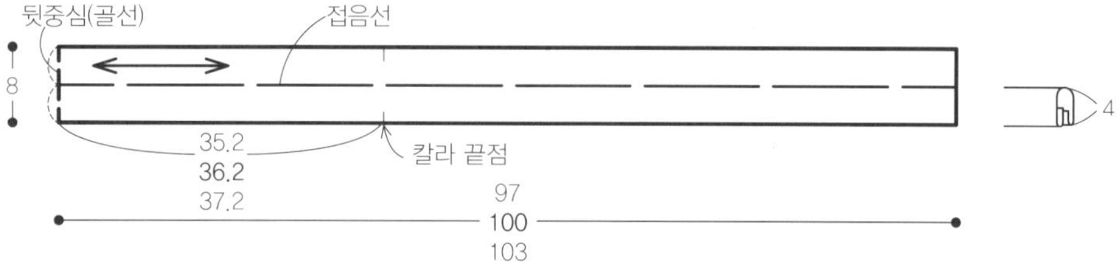

뒷중심(골선)   접음선

8

35.2
36.2
37.2

칼라 끝점

97
100
103

4

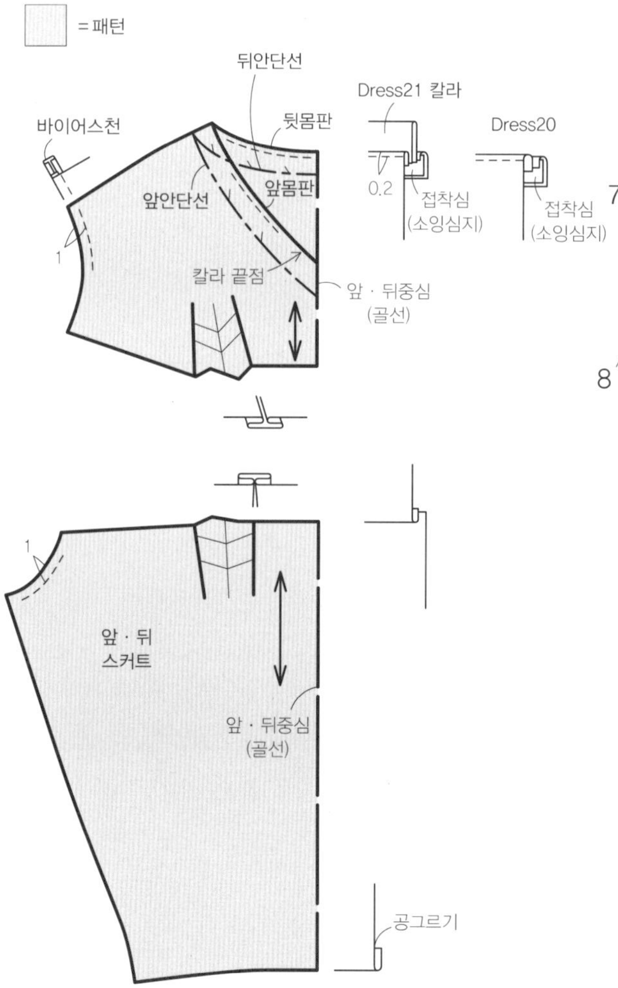

= 패턴

바이어스천   뒤안단선   뒷몸판   Dress21 칼라   Dress20   앞몸판   앞안단선   칼라 끝점   앞·뒤중심(골선)

0.2   접착심(소잉심지)   접착심(소잉심지)

1

앞·뒤 스커트   앞·뒤중심(골선)   공그르기

만드는 순서 (공통)

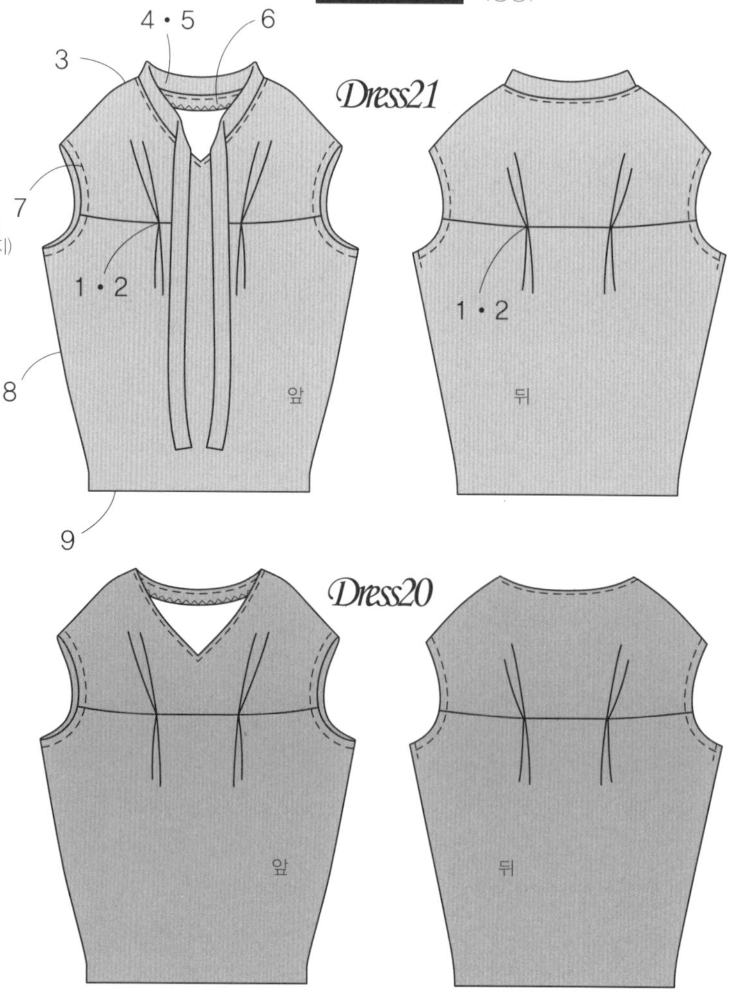

3   4·5   6   7   1·2   8   9

Dress21   앞   뒤   1·2

Dress20   앞   뒤

재단배치도 (공통)

Dress21 : 142cm폭
Dress20 : 127cm폭

원단(겉)

바이어스천
(65cm, 2장)

2,5

1

1

0

1

1

0

골선

뒤안단

앞안단

0.5

앞몸판

1

0.5

뒷몸판

1

0.5

1

앞스커트

3

Dress21
칼라

뒷중심

1

0.5

1

뒷스커트

3

250cm
260cm
270cm

1

▨ = 접착심(소잉심지)을 붙인다

◆ 준비 ◆ ①앞·뒤안단에 접착심(소잉심지)을 붙인다
②앞·뒤안단의 바깥둘레, 앞·뒤스커트의 밑단에
지그재그봉제 또는 오버록 처리한다.

1 턱을 잡는다 ※뒷몸판과 뒷스커트도 같은 방법으로 만든다

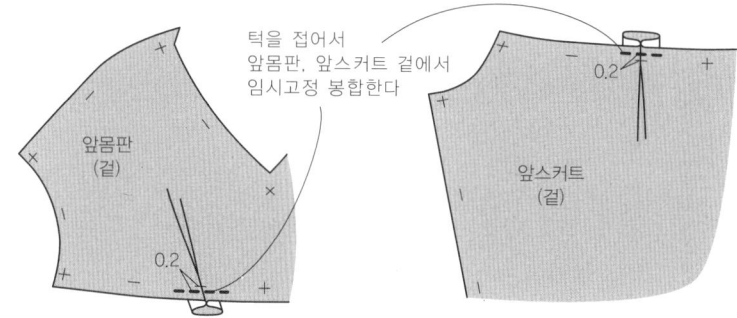

턱을 접어서
앞몸판, 앞스커트 겉에서
임시고정 봉합한다

0.2

앞몸판
(겉)

앞스커트
(겉)

0.2

2 몸판과 스커트를 봉합한다 ※뒷몸판도 같은 방법으로 만든다

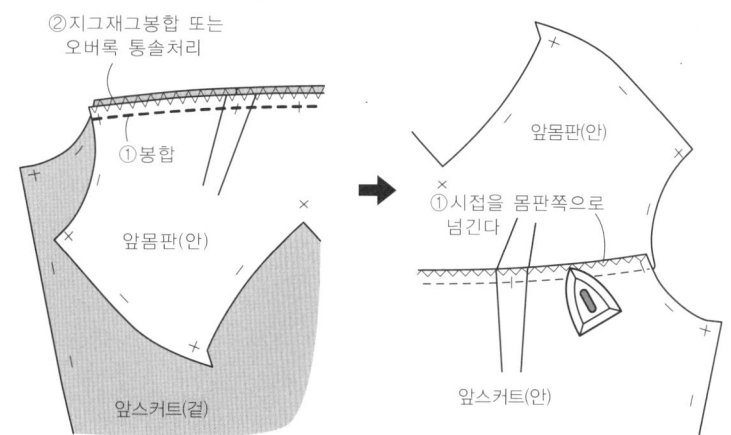

②지그재그봉합 또는
오버록 통솔처리

①봉합

앞몸판(안)

앞스커트(겉)

①시접을 몸판쪽으로
넘긴다

앞몸판(안)

앞스커트(안)

3 몸판과 안단의 어깨를 봉합한다

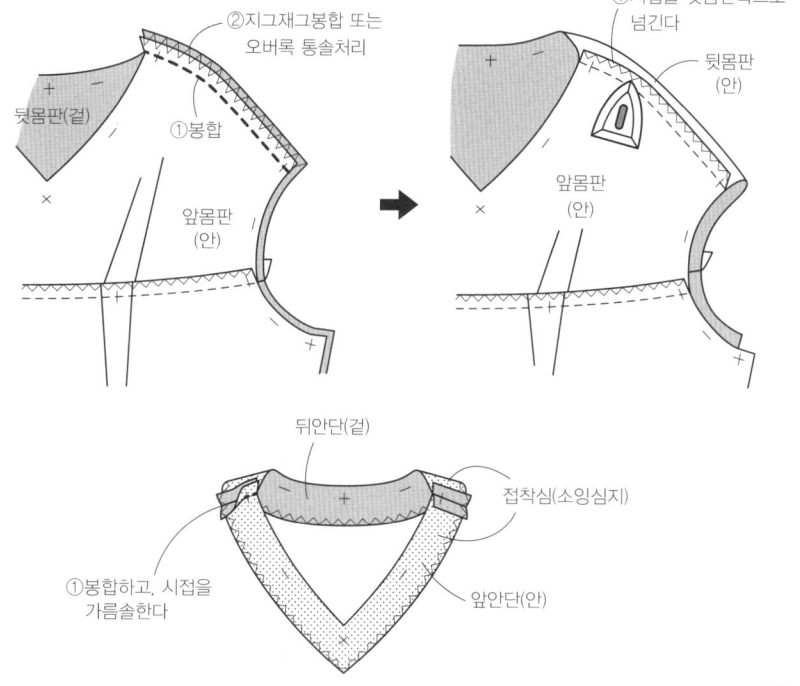

②지그재그봉합 또는
오버록 통솔처리

①봉합

뒷몸판(겉)

앞몸판
(안)

①시접을 뒷몸판쪽으로
넘긴다

뒷몸판
(안)

앞몸판
(안)

뒤안단(겉)

접착심(소잉심지)

①봉합하고, 시접을
가름솔한다

앞안단(안)

4 칼라를 만든다(Dress21)

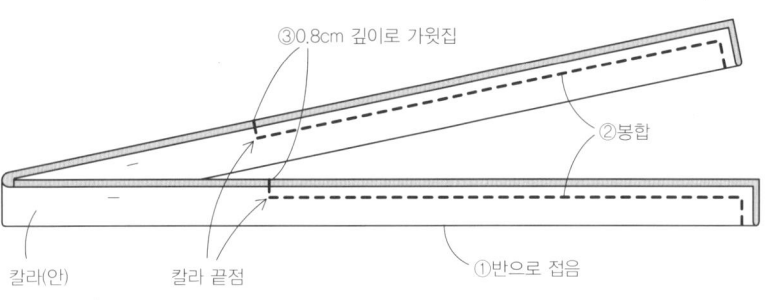

③0.8cm 깊이로 가윗집
②봉합
칼라(안)
칼라 끝점
①반으로 접음

칼라(겉)
①겉으로 뒤집는다

5 칼라를 고정 봉합한다(Dress21)

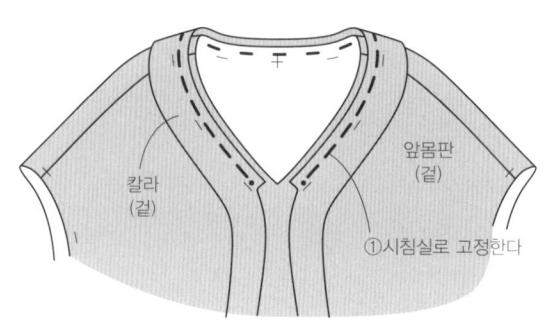

칼라(겉)
앞몸판(겉)
①시침실로 고정한다

6 몸판에 안단을 단다

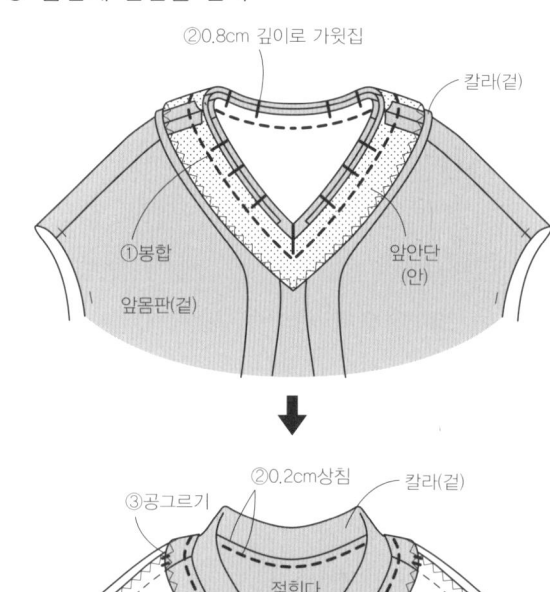

②0.8cm 깊이로 가윗집
칼라(겉)
①봉합
앞안단(안)
앞몸판(겉)

②0.2cm상침
칼라(겉)
③공그르기
젖힌다
앞몸판(안)
앞안단(겉)
①안단을 몸판의 안쪽으로 넘긴다

7 암홀둘레를 봉합한다
(바이어스천 만드는 방법 P.61 참고)

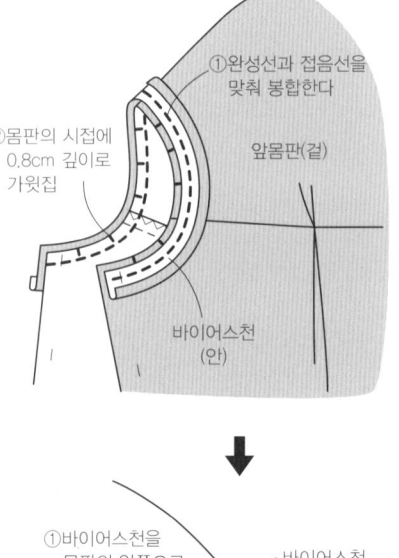

①완성선과 접음선을 맞춰 봉합한다
②몸판의 시접에 0.8cm 깊이로 가윗집
앞몸판(겉)
바이어스천(안)

①바이어스천을 몸판의 안쪽으로 넘긴다
바이어스천(겉)
앞몸판(안)
②상침
0.2

8 몸판의 옆선을 봉합한다

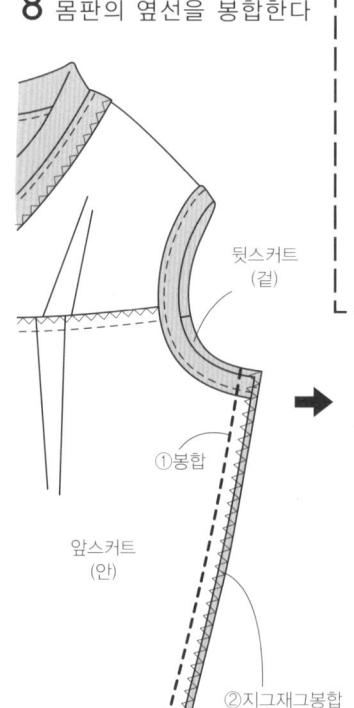

뒷스커트(겉)
①봉합
앞스커트(안)
②지그재그봉합 또는 오버록 통솔처리

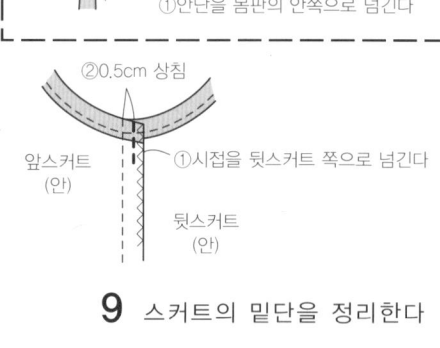

②0.5cm 상침
앞스커트(안)
①시접을 뒷스커트 쪽으로 넘긴다
뒷스커트(안)

9 스커트의 밑단을 정리한다

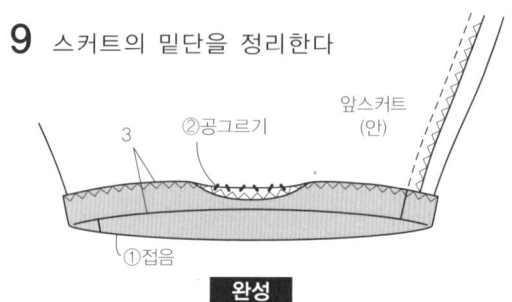

3
②공그르기
앞스커트(안)
①접음

완성

재료

겉감(폴리에스테르 쉬폰) ······ 110cm폭 x 380cm(S) / 390cm(M) / 400cm(L)

접착심(소잉심지) ······ 112cm폭 x 50cm

콘실지퍼 ······ 60cm길이 1개

걸고리(소) ······ 2쌍

패턴에 대해서

◆실물크기 패턴 : A면 19번(몸판. 소매) 패턴. A면 15번(스커트) 패턴을 사용합니다.

◆사용 패턴 : 앞 · 뒤몸판. 앞 · 뒤스커트. 소매

＊칼라, 커프스, 보타이는 기재된 치수로 직접 제도하여 사용합니다.

◆패턴 수정하는 방법

＊A면 19번 패턴에서 목둘레를 좁게 수정하고, 칼라 다는 치수를 확인합니다.

＊A면 19번 패턴에서 소매 길이를 길게 수정하고, 소매 폭을 넓게 수정합니다.

＊A면 15번 패턴에서 스커트 길이를 길게 수정하고, 주름 분량을 추가합니다.

완성 사이즈

단위 : cm

사이즈	S	M	L
옷길이	115	121	126
가슴둘레	93	97	101
엉덩이둘레	76	80	84

3단으로 분리된 숫자는
S 사이즈
M사이즈
L 사이즈
1개만 작성된 숫자는 공통

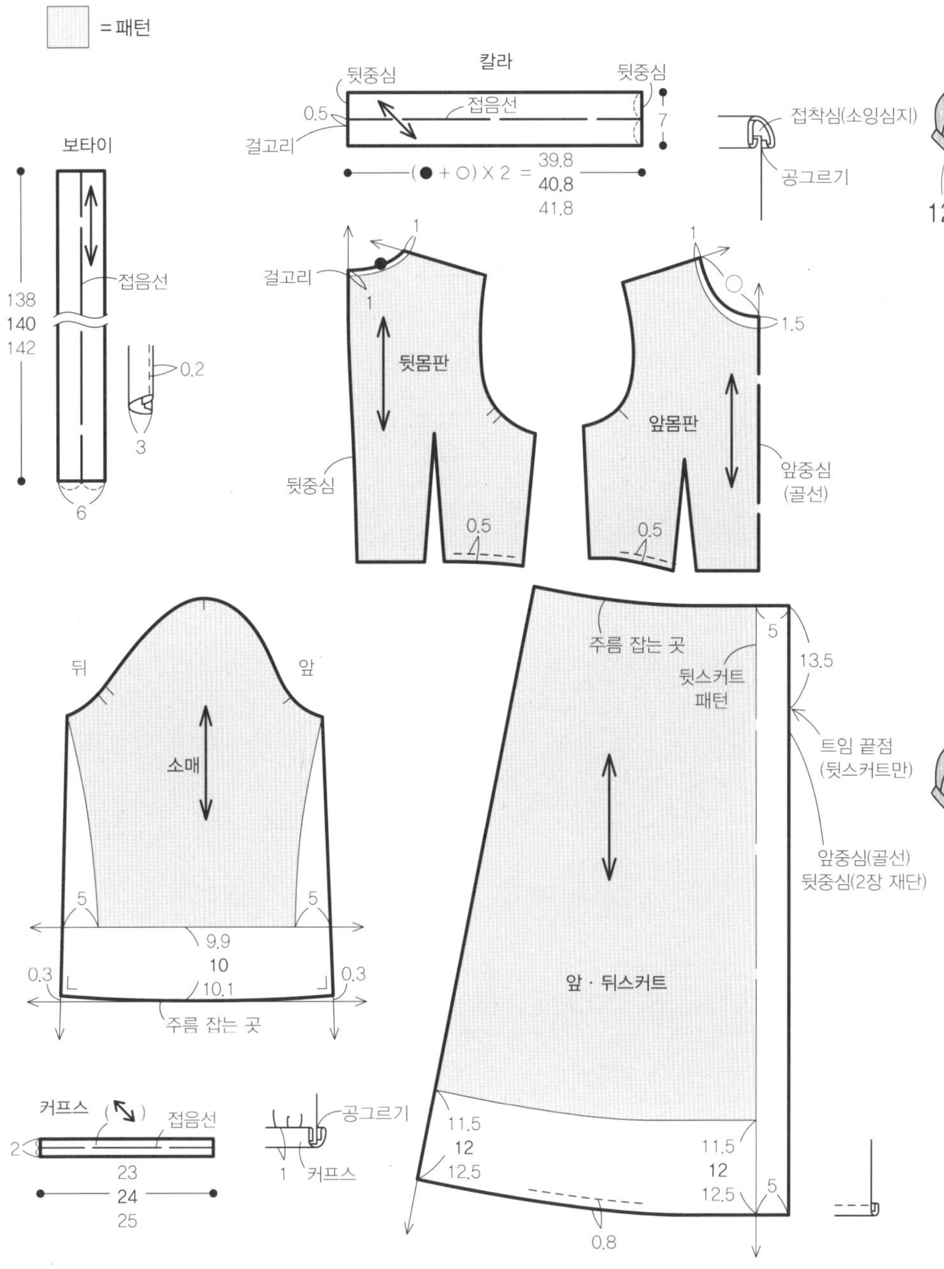

만드는 순서

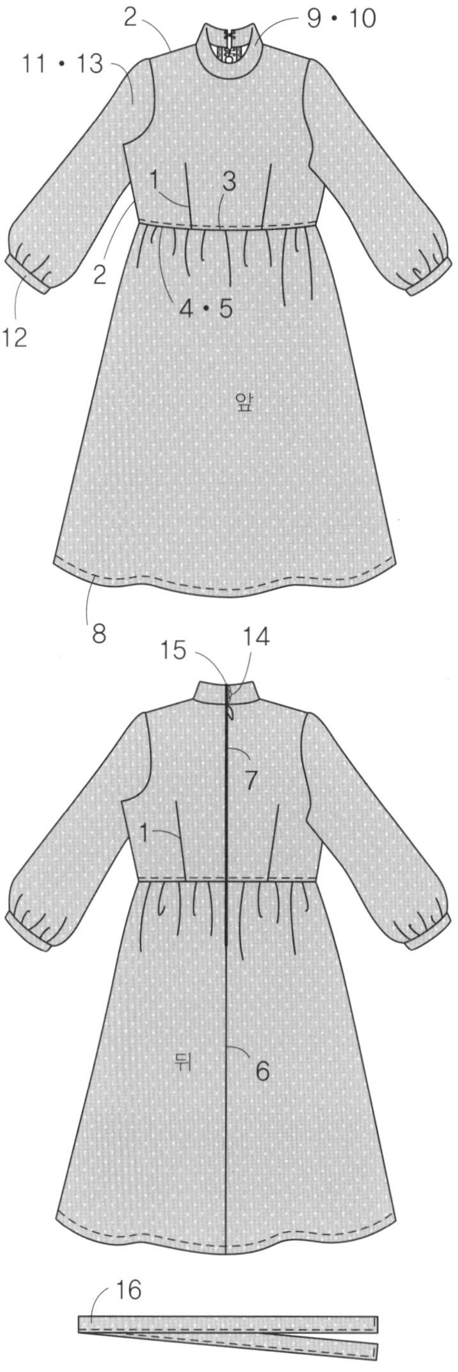

= 패턴

보타이

138
140
142

접음선

0.2

3

6

칼라

뒷중심   접음선   뒷중심

0.5   걸고리   7

접착심(소잉심지)

공그리기

(● + ○) X 2 = 39.8
40.8
41.8

걸고리

뒷몸판

1

1

뒷중심

0.5

앞몸판

1

1.5

앞중심
(골선)

0.5

소매

뒤   앞

5   5

9.9
10
10.1

0.3   0.3

주름 잡는 곳

커프스

2

23
24
25

접음선

공그리기

1   커프스

주름 잡는 곳

5

13.5

뒷스커트 패턴

트임 끝점
(뒷스커트만)

앞중심(골선)
뒷중심(2장 재단)

앞 · 뒤스커트

11.5
12
12.5

11.5
12
12.5

5

0.8

2

11 · 13

9 · 10

1   3

2

4 · 5

12

앞

8

15   14

1

7

뒤   6

16

재단배치도

▨ = 접착심(소잉심지)을 붙인다

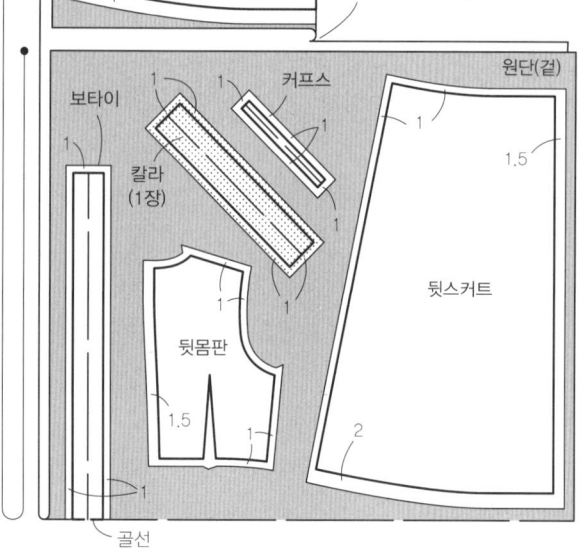

← 110cm폭 →

원단(겉)

소매

골선

앞몸판

380cm
390cm
400cm

앞스커트

※자르고 다시 접는다

보타이

커프스

칼라
(1장)

원단(겉)

1.5

뒷몸판

뒷스커트

1.5

2

골선

← 110cm폭 →

1 몸판의 다트를 봉합한다 ※앞몸판도 같은 방법으로 만든다

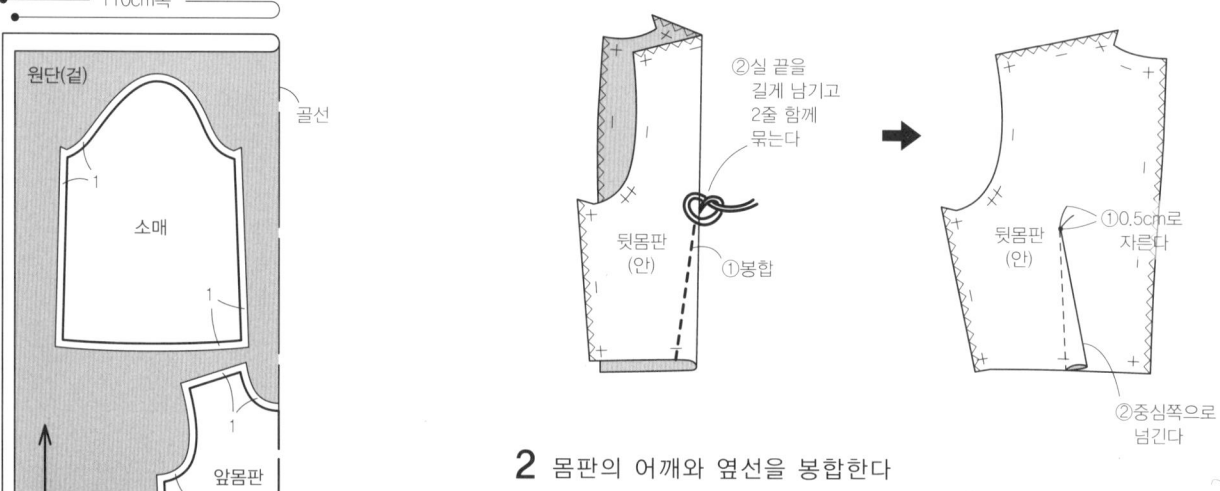

②실 끝을
길게 남기고
2줄 함께
묶는다

뒷몸판
(안)

①봉합

①0.5cm로
자른다

뒷몸판
(안)

②중심쪽으로
넘긴다

2 몸판의 어깨와 옆선을 봉합한다

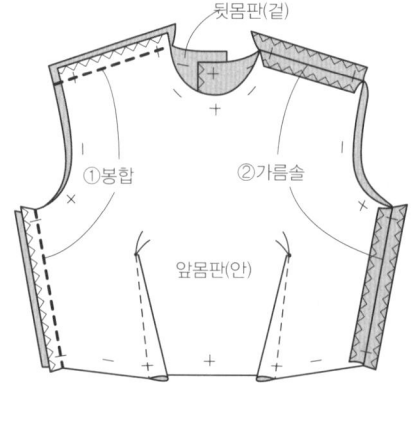

뒷몸판(겉)

①봉합

②가름솔

앞몸판(안)

3 몸판에 맞춤점을 표시한다
(P.73/3 참고)

4 스커트를 만든다
(P.73/4 참고)

5 몸판과 스커트를 봉합한다
(P.73/5 참고)

6 뒷몸판의 뒷중심을 봉합한다

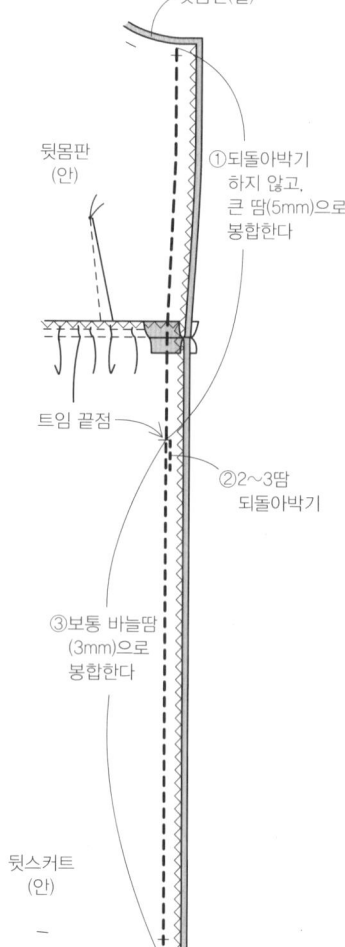

뒷몸판(겉)

뒷몸판
(안)

①되돌아박기
하지 않고,
큰 땀(5mm)으로
봉합한다

트임 끝점

②2~3땀
되돌아박기

③보통 바늘땀
(3mm)으로
봉합한다

뒷스커트
(안)

7 뒷몸판에 콘실지퍼를 단다(P.33/3 참고)

8 스커트의 밑단을 정리한다

9 칼라를 만든다

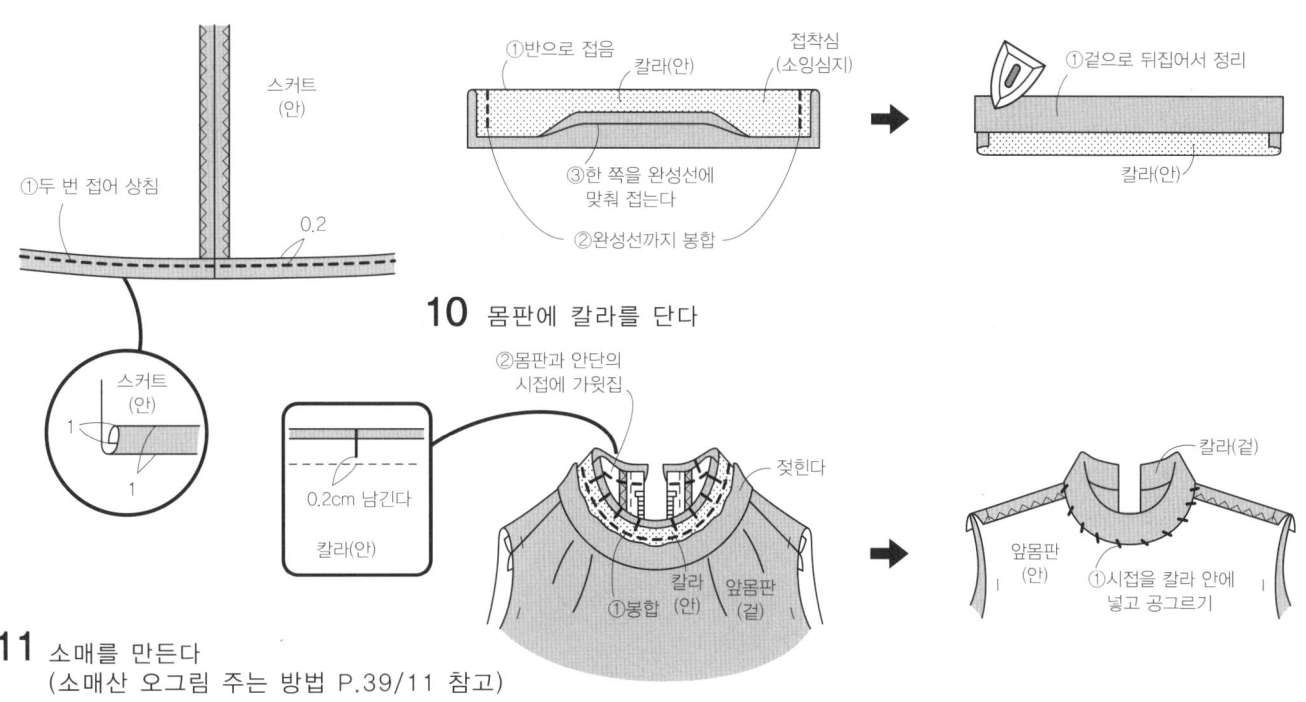

스커트
(안)

①두 번 접어 상침

0.2

스커트
(안)

1

1

①반으로 접음
칼라(안)
접착심
(소잉심지)

③한 쪽을 완성선에
맞춰 접는다

②완성선까지 봉합

①겉으로 뒤집어서 정리

칼라(안)

10 몸판에 칼라를 단다

②몸판과 안단의
시접에 가윗집

0.2cm 남긴다

칼라(안)

젖힌다

①봉합
칼라
(안)
앞몸판
(겉)

칼라(겉)

앞몸판
(안)

①시접을 칼라 안에
넣고 공그리기

11 소매를 만든다
(소매산 오그림 주는 방법 P.39/11 참고)

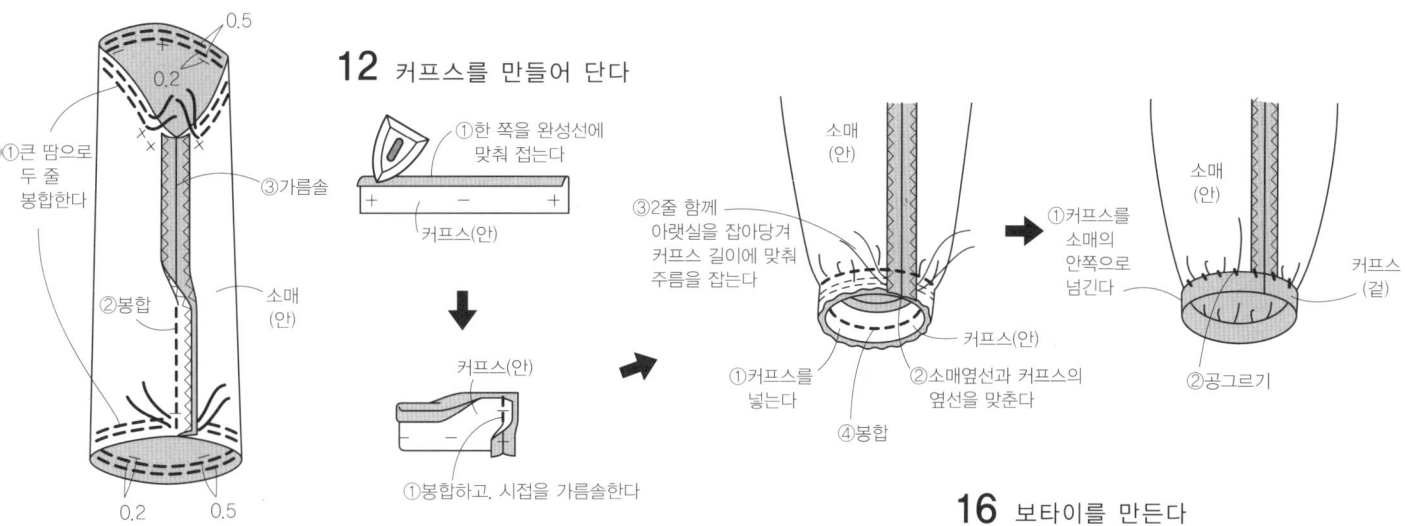

0.5

0.2

①큰 땀으로
두 줄
봉합한다

③가름솔

②봉합

소매
(안)

0.2   0.5

12 커프스를 만들어 단다

①한 쪽을 완성선에
맞춰 접는다

커프스(안)

+   −   +

커프스(안)

①봉합하고, 시접을 가름솔한다

소매
(안)

③2줄 함께
아랫실을 잡아당겨
커프스 길이에 맞춰
주름을 잡는다

①커프스를
넣는다

커프스(안)

②소매옆선과 커프스의
옆선을 맞춘다

④봉합

①커프스를
소매의
안쪽으로
넘긴다

소매
(안)

커프스
(겉)

②공그리기

16 보타이를 만든다

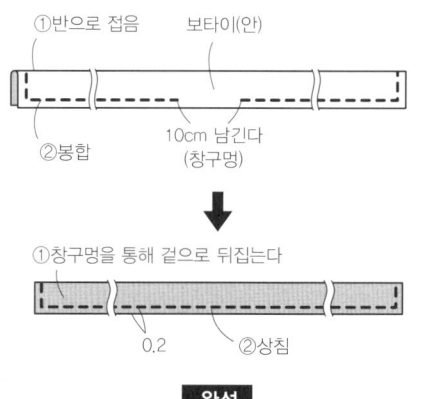

①반으로 접음
보타이(안)

②봉합

10cm 남긴다
(창구멍)

①창구멍을 통해 겉으로 뒤집는다

0.2

②상침

13 몸판에 소매를 단다
(P.39/12 참고)

14 칼라에 실고리를 만든다
(P.71/14 참고)

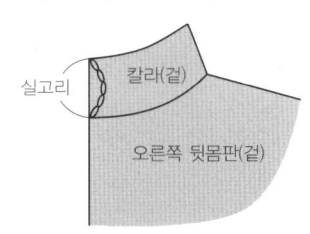

실고리

칼라(겉)

오른쪽 뒷몸판(겉)

15 걸고리를 단다
(P.39/13 참고)

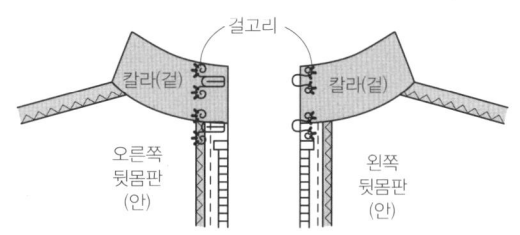

걸고리

칼라(겉)

오른쪽
뒷몸판
(안)

칼라(겉)

왼쪽
뒷몸판
(안)

완성

81

Dress*24*(P.26) Dress*25*(P.27)

완성 사이즈

단위: cm

사이즈	S	M	L
옷길이	103.5	109	113.5
가슴둘레	94	98	102

Dress24 재료

겉감(면 론) ····· 108cm폭 x 290cm(S) / 300cm(M) / 310cm(L)

배색감(폴리에스테르 새틴) ····· 110cm폭 x 20cm

접착심(소잉심지) ····· 112cm폭 x 50cm

단추 ····· 1cm폭 8개

고무줄 ····· 1cm폭 x 50cm

Dress25 재료

겉감(코튼 깅엄 체크) ····· 110cm폭 x 270cm(S) / 280cm(M) / 290cm(L)

접착심(소잉심지) ····· 112cm폭 x 50cm

단추 ····· 1cm폭 4개

고무줄 ····· 1cm폭 x 50cm

패턴에 대해서

◆실물크기 패턴 : A면 24번 패턴을 사용합니다.

◆사용 패턴 : 앞·뒤몸판, 앞안단, 앞·뒤스커트, 겉·안칼라, 소매, 커프스(Dress24)

* 실물크기 패턴에서 앞몸판과 앞안단은 각각 베껴 사용합니다.

◆패턴 수정하는 방법

* Dress24는 A면 24번 패턴을 그대로 사용합니다.

* Dress25는 A면 24번 패턴에서 소매길이를 짧게 수정하고, 소맷부리를 좁게 수정하여 사용합니다.

칼라(※겉칼라에만 접착심 (소잉심지)를 붙인다)

뒷중심 (골선) 0.2

겉·안칼라

몸판과 연결 0.2

3단으로 분리된 숫자는
S 사이즈
M사이즈
L 사이즈
1개만 작성된 숫자는 공통

□ =패턴

겉칼라

안칼라

접착심 (소잉심지)

뒷중심 (골선)

뒷몸판

소매주름 끝점

※고무줄 길이 (시접분 2cm포함)

= 40
42
44

0.2

고무줄

소매 주름 끝점

앞안단선

앞몸판

칼라 끝점

앞중심

0.2

※단추간격 = 5.8
6
6.2

접착심 (소잉심지)

주름 잡는 곳

뒤 앞

Dress24 소매

봉합 끝점 봉합 끝점

0.5 주름잡는 곳 0.5

Dress24 커프스

단춧구멍 0.2

1 1.5

접음선 1.5

여유분

1.5 1

고무줄을 통과시킨다

뒷중심 (골선)

뒷스커트

1.8

앞중심 (골선)

앞스커트

1.8

주름 잡는 곳

Dress25 소매

뒤 앞

13.8 13.8
14 14
14.2 14.2

0.5 1.8 0.5

31
32
33

Dress24 재단배치도

108cm폭

원단(겉)

골선

소매

1

1

커프스

1

앞몸판

1

뒷몸판

2   1

1

앞안단

1

0

290cm
300cm
310cm

뒷스커트

1

3

1

앞스커트

3

3

Dress24 배색천 재단배치도

110cm폭

골선

20cm

원단(겉)

골선

1

1

안칼라   겉칼라

Dress25 재단배치도

110cm폭

원단(겉)

골선

소매

1   1

3

겉칼라

안칼라

앞몸판

1

1

뒷몸판

2   1

1

0

앞안단

270cm
280cm
290cm

뒷스커트

1

3

1

앞스커트

3

3

= 접착심(소잉심지)을 붙인다

만드는 순서 (공통)

4 · 5

2

14

11

3

15

1

8

12 · 13

7

6

앞

10

Dress24

9

뒤

Dress25

소매
(안)

0.2

1

2

앞

뒤

83

◆준비◆　①앞안단, 겉칼라, 커프스(Dress24)에 접착심(소잉심지)을 붙인다.
②뒷몸판의 밑단, 앞안단의 바깥둘레에 지그재그봉제 또는 오버록 처리한다.

1 앞몸판의 다트를 봉합한다(P.32/1 참고)

2 몸판의 어깨를 봉합한다

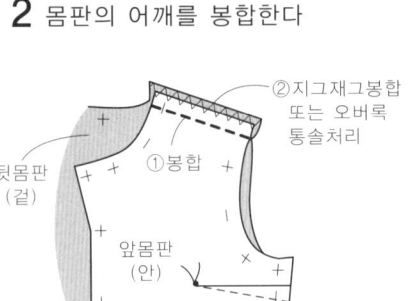

뒷몸판
(겉)

②지그재그봉합
또는 오버록
통솔처리

①봉합

앞몸판
(안)

3 몸판에 안단을 단다

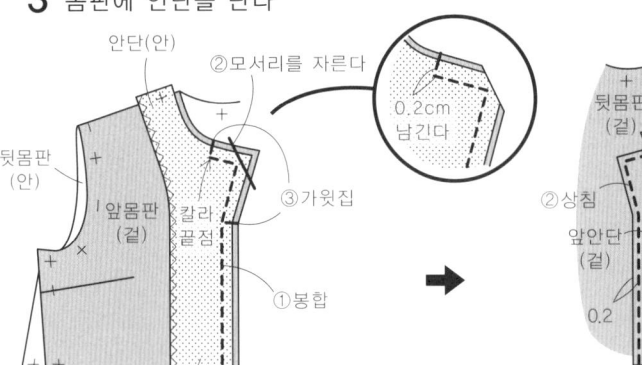

안단(안)

②모서리를 자른다

뒷몸판
(안)

앞몸판
(겉)

칼라
끝점

③가윗집

①봉합

접착심(소잉심지)

0.2cm
남긴다

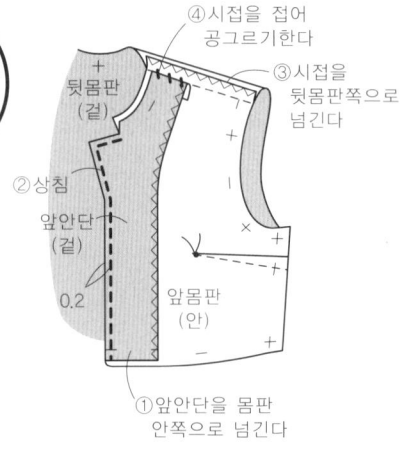

④시접을 접어
공그르기한다

③시접을
뒷몸판쪽으로
넘긴다

뒷몸판
(겉)

②상침

앞안단
(겉)

0.2

앞몸판
(안)

①앞안단을 몸판
안쪽으로 넘긴다

4 칼라를 만든다

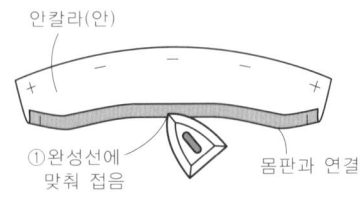

안칼라(안)

①완성선에
맞춰 접음

몸판과 연결

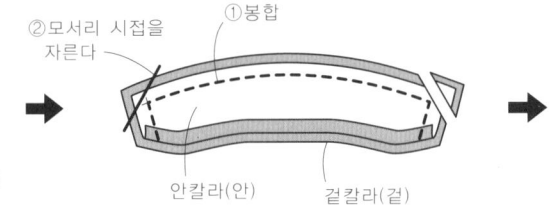

②모서리 시접을
자른다

①봉합

안칼라(안)

겉칼라(겉)

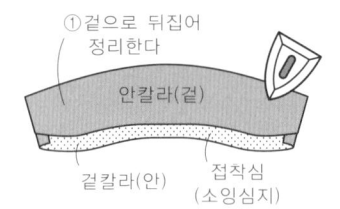

①겉으로 뒤집어
정리한다

안칼라(겉)

겉칼라(안)

접착심
(소잉심지)

5 몸판에 칼라를 단다

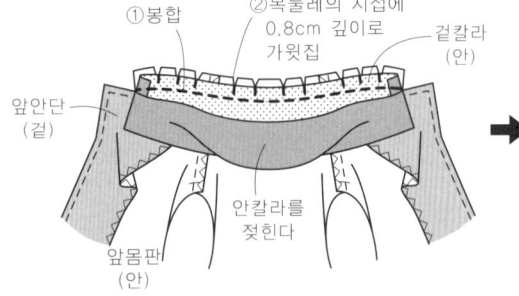

①봉합

②목둘레의 시접에
0.8cm 깊이로
가윗집

겉칼라
(안)

앞안단
(겉)

안칼라를
젖힌다

앞몸판
(안)

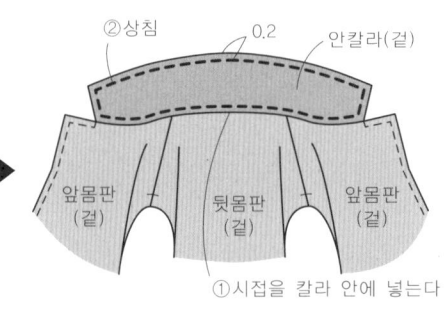

②상침

0.2

안칼라(겉)

앞몸판
(겉)

뒷몸판
(겉)

앞몸판
(겉)

①시접을 칼라 안에 넣는다

6 스커트에 턱을 접는다

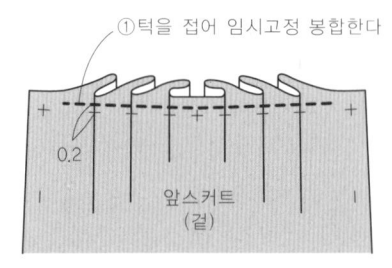

①턱을 접어 임시고정 봉합한다

0.2

앞스커트
(겉)

7 왼쪽·오른쪽 앞몸판을 봉합한다

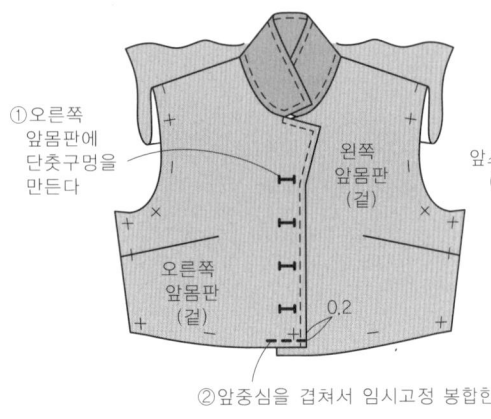

①오른쪽
앞몸판에
단춧구멍을
만든다

왼쪽
앞몸판
(겉)

오른쪽
앞몸판
(겉)

0.2

②앞중심을 겹쳐서 임시고정 봉합한다

8 앞몸판과 앞스커트를 봉합한다

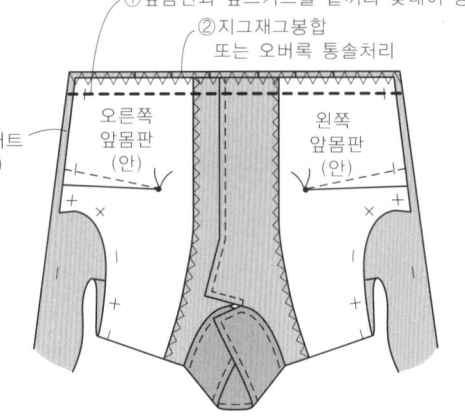

①앞몸판과 앞스커트를 겉끼리 맞대어 봉합한다
②지그재그봉합
또는 오버록 통솔처리

앞스커트
(겉)

오른쪽
앞몸판
(안)

왼쪽
앞몸판
(안)

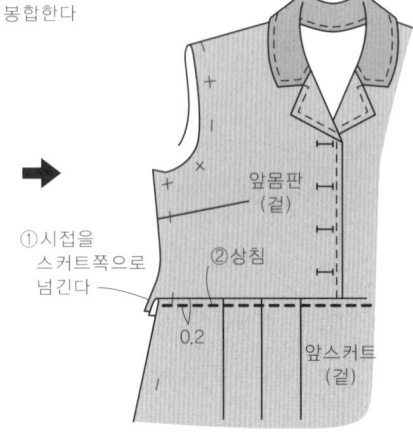

앞몸판
(겉)

①시접을
스커트쪽으로
넘긴다

②상침

0.2

앞스커트
(겉)

9 뒷몸판과 뒷스커트를 봉합하고, 고무줄을 통과시킨다

①뒷몸판과 뒷스커트를
겉끼리 맞댄다

2cm

②봉합

뒷몸판
(안)

뒷스커트
(겉)

뒷몸판(안)

1.5

②봉합

①시접을 스커트쪽으로 넘긴다

뒷스커트(안)

뒷몸판
(안)

①고무줄을
통과시킨다

38
40
42

1   1

③상침한 곳에서
1cm정도
고무줄을
남기고 자른다

②고무줄을 상침한다

10 몸판의 옆선을 봉합하고,
밑단을 정리한다

앞몸판
(안)

뒷몸판
(안)

①봉합

②지그재그봉합
또는 오버록
통솔처리

앞스커트
(안)

④두 번 접어
상침

0.2

(안)

1

2

11 소매를 만든다

0.5

0.2

②큰 땀으로
봉합

①지그재그봉제
또는 오버록
처리

소매
(안)

②큰 땀으로
봉합

③시접을
뒤쪽으로
넘긴다

10   0.2   0.5   10

①

12 커프스를 만든다(Dress24)

접착심
(소잉심지)

②봉합

안커프스
(안)

소매
(안)

①봉합

④시접을
뒤쪽으로
넘긴다

③지그재그봉합
또는 오버록
통솔처리

⑤자연스럽게
접는다

봉합
끝점

0.5

②상침

①한 쪽을 완성선에
맞춰 접는다

①겉으로 뒤집는다

안커프스
(겉)

13 소매에 커프스를 단다(Dress24)

②2줄 함께
실을 잡아
당겨 커프스
길이에 맞춰
주름을 잡는다

앞소매
(안)

겉커프스
(안)

③봉합

①소매의 안에
커프스를 넣는다

앞소매
(안)

덧단

③겉커프스쪽에서
단춧구멍을
뚫는다

①커프스를 꺼내고
시접을 넣는다

겉커프스
(겉)

0.2   ②상침

14 몸판에 소매를 단다(P.39/12 참고)

❶어깨선과 소매산의 맞춤점

①❶~❹의 순서대로 맞춰,
소매쪽에서 시침핀을
꽂는다

❷2줄 함께
잡아당겨 몸판
암홀둘레의
길이에 맞춰
주름을 잡는다

❹주름
끝점

❹주름 끝점

③봉합한 후,
지그재그봉합
또는 오버록
통솔처리

앞몸판
(안)

❸맞춤점

❸맞춤점

❸맞춤점

❷소매와 몸판의 옆선

소매(안)

뒷몸판(안)

15 단추를 단다   완성

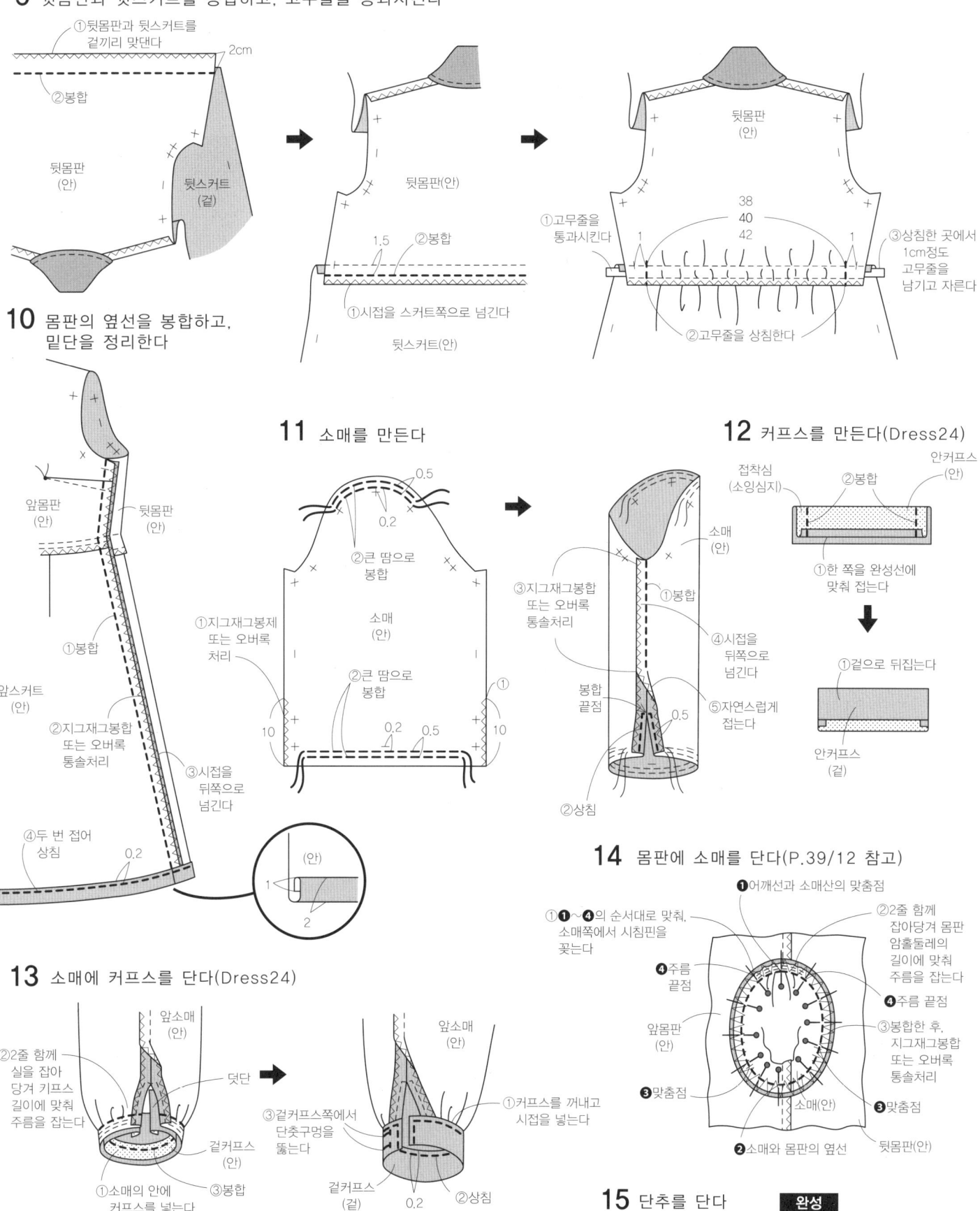

Dress 11 (P.11)

재료

Dress11 겉감(큐프라) ······ 110cm폭 x 180cm(S) / 190cm(M) / 200cm(L)
Dress27 겉감(큐프라) ······ 110cm폭 x 240cm(S) / 250cm(M) / 260cm(L)

패턴에 대해서

◆ 실물크기 패턴 : A면 11번 패턴을 사용합니다.

◆ 사용 패턴 : 앞 · 뒤몸판

* 바이어스천은 기재된 치수로 직접 제도하여 사용합니다.

◆ 패턴 수정하는 방법

* Dress11은 A면 11번 패턴 그대로 사용합니다.

* Dress27은 A면 11번 패턴에서 몸판 길이를 길게 수정하여 사용합니다.

완성 사이즈

단위 : cm

사이즈	S	M	L
Dress11 길이	71.8	76	79.2
Dress27 길이	93.8	99	103.2
가슴둘레	92	96	100

3단으로 분리된 숫자는
S 사이즈
M 사이즈
L 사이즈
1개만 작성된 숫자는 공통

Dress 27 (P.28)

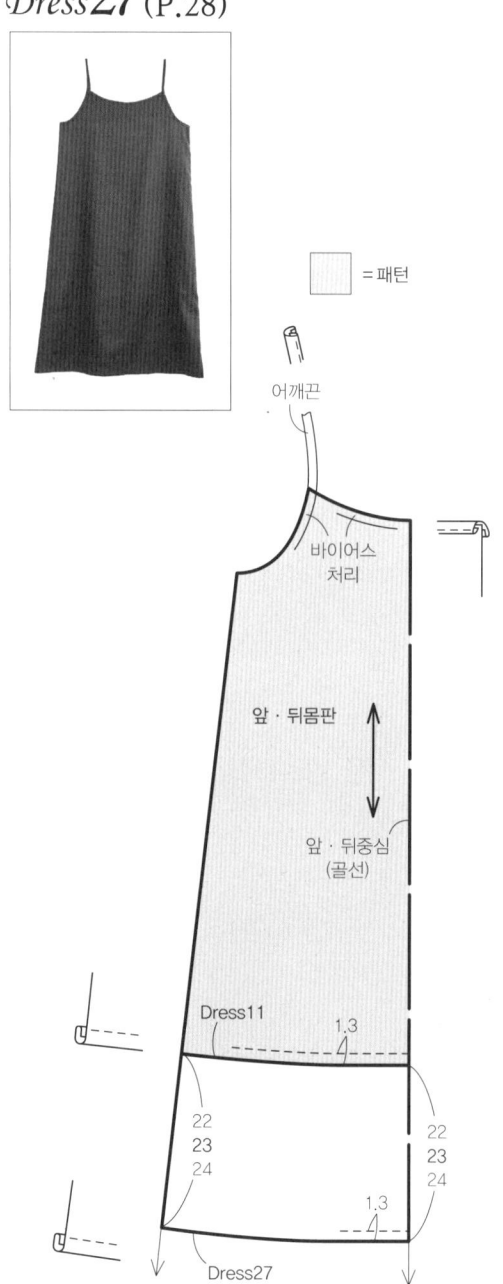

= 패턴

어깨끈

바이어스 처리

앞 · 뒤몸판

앞 · 뒤중심
(골선)

Dress11   1.3

22
23
24

22
23
24

1.3

Dress27

만드는 순서   (공통)

3

1 · 2

Dress11

4

4

Dress27

재단배치도   (공통)

110cm폭

원단(겉)

골선

목둘레 바이어스천
(30cm, 2장)   3.5

3.5

암홀둘레
바이어스천
(54.5cm,
56cm,
57.5cm)
2장

앞몸판

0

1

2.5

Dress11
180cm
190cm
200cm

Dress27
240cm
250cm
260cm

0

뒷몸판

1

2.5

86

1 바이어스천을 만든다 ※암홀둘레 바이어스천도 같은 방법으로 만든다

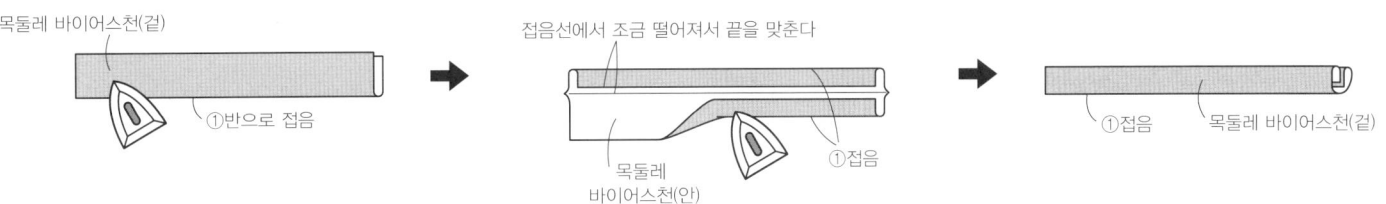

목둘레 바이어스천(겉)
①반으로 접음

접음선에서 조금 떨어져서 끝을 맞춘다
①접음
목둘레 바이어스천(안)

①접음
목둘레 바이어스천(겉)

2 몸판의 목둘레를 바이어스처리 한다 ※뒷몸판도 같은 방법으로 만든다

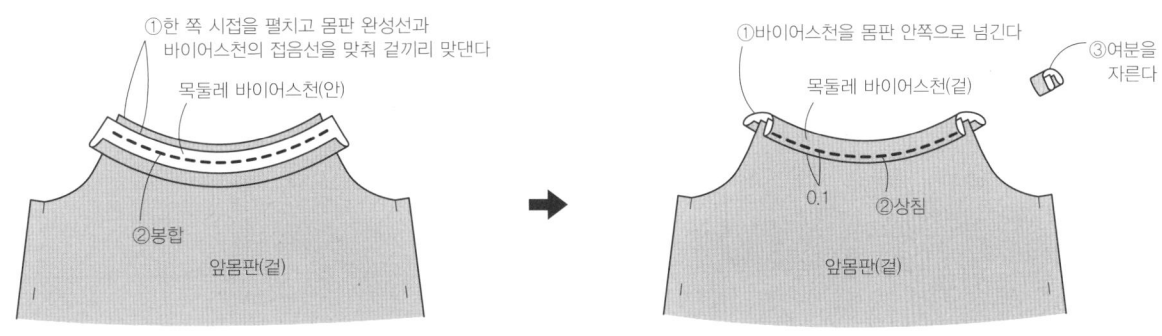

①한 쪽 시접을 펼치고 몸판 완성선과 바이어스천의 접음선을 맞춰 겉끼리 맞댄다
목둘레 바이어스천(안)
②봉합
앞몸판(겉)

①바이어스천을 몸판 안쪽으로 넘긴다
③여분을 자른다
목둘레 바이어스천(겉)
0.1
②상침
앞몸판(겉)

3 암홀둘레를 바이어스처리하고, 어깨끈을 만든다

4 몸판의 옆선을 봉합하고, 밑단을 정리한다

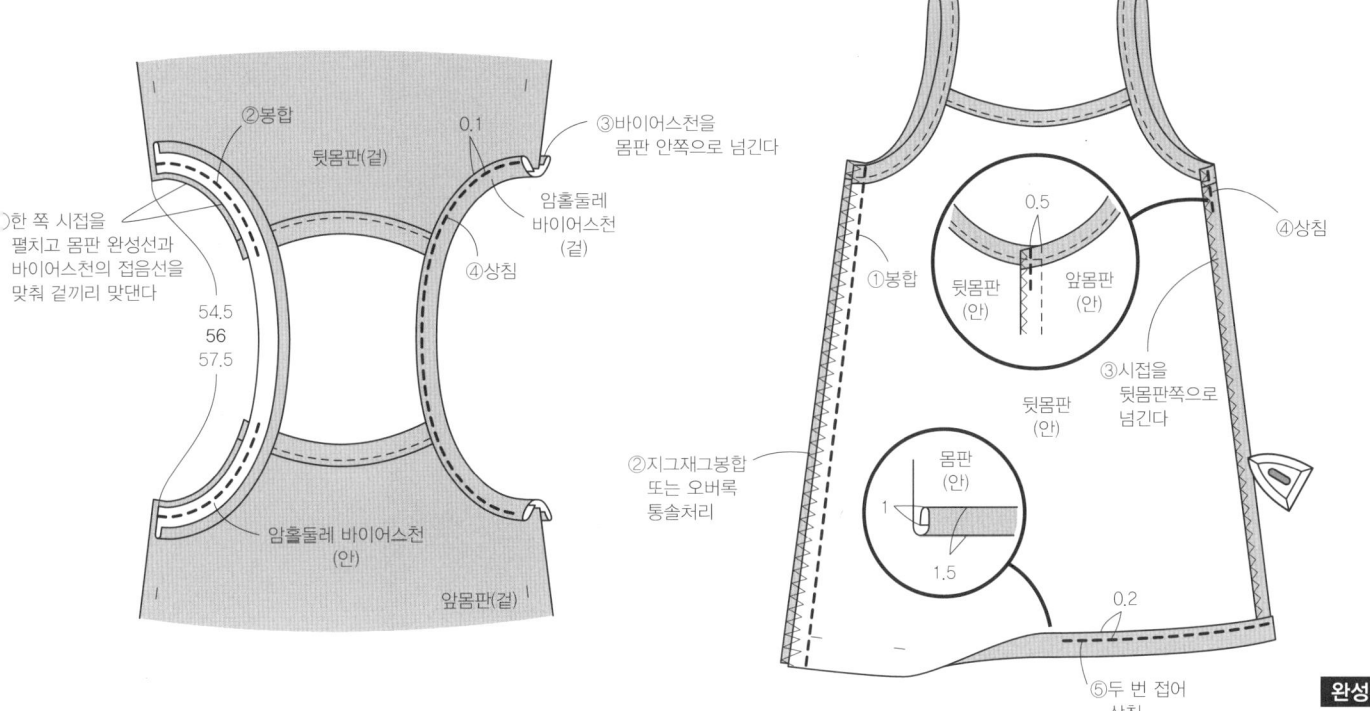

②봉합
뒷몸판(겉)
0.1
③바이어스천을 몸판 안쪽으로 넘긴다
암홀둘레 바이어스천(겉)
④상침
①한 쪽 시접을 펼치고 몸판 완성선과 바이어스천의 접음선을 맞춰 겉끼리 맞댄다
54.5
56
57.5
암홀둘레 바이어스천(안)
앞몸판(겉)

①봉합
0.5
뒷몸판(안)
앞몸판(안)
④상침
③시접을 뒷몸판쪽으로 넘긴다
뒷몸판(안)
②지그재그봉합 또는 오버록 통솔처리
몸판(안)
1
1.5
0.2
⑤두 번 접어 상침

완성

87

실물크기 패턴 사용방법

1 실물크기 패턴이 서적 안에 동봉되어 있는지 확인한다

◆ 만들고 싶은 작품 번호의 패턴이 어떤 선으로 표시되어 있는지, 몇 장으로 나누어져 있는지 확인해주세요.

---

2 실물크기 패턴을 다른 종이에 베껴 그린다

불투명한 종이에 베끼는 경우

불투명한 종이 위에 실물크기 패턴을 올려 놓습니다. 그 사이에 초크페이퍼를 끼우고, 소프트룰렛으로 패턴의 선을 따라 그려줍니다.

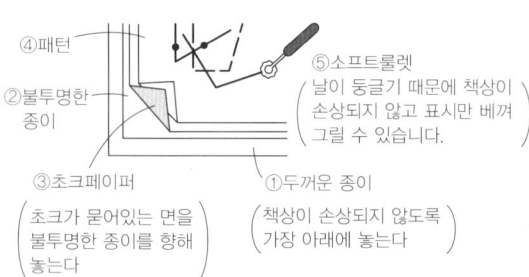

④패턴
②불투명한 종이
⑤소프트룰렛 날이 둥글기 때문에 책상이 손상되지 않고 표시만 베껴 그릴 수 있습니다.
③초크페이퍼 (초크가 묻어있는 면을 불투명한 종이를 향해 놓는다)
①두꺼운 종이 (책상이 손상되지 않도록 가장 아래에 놓는다)

비치는 종이에 베끼는 경우

실물크기 패턴 위에 비치는 종이(패턴지)를 올려 놓고, 철펜으로 베껴 그려줍니다.

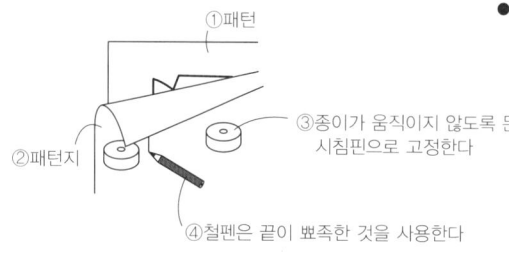

①패턴
②패턴지
③종이가 움직이지 않도록 문진이나 시침핀으로 고정한다
④철펜은 끝이 뾰족한 것을 사용한다

[패턴을 베낄 때 주의]

● [맞춤점] [단추 다는 위치] [트임 끝점] [올방향] 등도 잊지 않고 베끼고, 패턴 각 부분의 [명칭]도 기입합니다.

● 1장의 패턴 안에 [앞몸판, 앞안단] 등 다른 패턴이 기입된 패턴이 있습니다. 베낄 때는 각각 베껴 사용합니다.

---

3 시접을 주고 패턴을 자른다

◆ 패턴에 시접이 포함되어 있지 않기 때문에 각각의 재단배치도에 기재된 치수에 따라 시접을 더해주세요.

[시접을 줄 때 주의점]

● 서로 맞춰 봉합할 곳의 시접은 원칙적으로 같은 폭으로 합니다.
● 완성선에 평행하게 시접을 줍니다.
● 암홀둘레, 어깨, 밑단에 시접을 줄 때는 베낄 종이의 여백을 남기고, 시접을 접어서 잘라 시접이 부족하지 않도록 합니다. (예)참고
● 원단 소재의 성질(두께, 늘어남분)이나 트임 위치(뒷중심, 앞중심 등) 봉제 방법에 따라서 시접폭은 달라집니다. 반드시 재단배치도의 각 부위의 시접량을 지켜주세요.

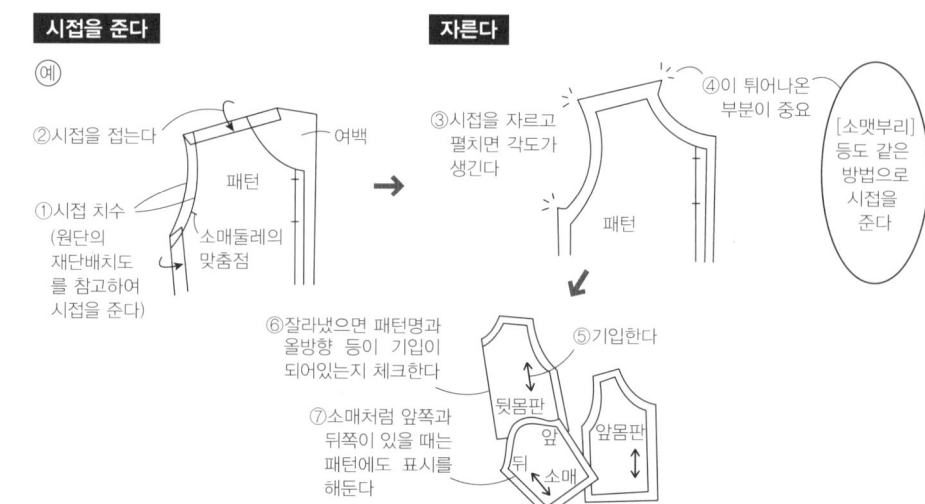

시접을 준다
(예)
②시접을 접는다
여백
패턴
①시접 치수 (원단의 재단배치도를 참고하여 시접을 준다)
소매둘레의 맞춤점

자른다
③시접을 자르고 펼치면 각도가 생긴다
패턴
④이 튀어나온 부분이 중요
[소맷부리] 등도 같은 방법으로 시접을 준다

⑥잘라냈으면 패턴명과 올방향 등이 기입이 되어있는지 체크한다
⑦소매처럼 앞쪽과 뒤쪽이 있을 때는 패턴에도 표시를 해둔다
⑤기입한다
뒷몸판
앞몸판
앞
뒤
소매

---

4 패턴을 원단 위에 배치하고, 원단을 재단한다

● 필요한 패턴을 원단 위에 올려 놓습니다. 이 때, 설명서의 재단배치도를 참고하여 원단 접는 방법과 패턴의 올방향(식서) 등에 주의하면서 패턴을 배치하고, 원단이 움직이지 않도록 문진이나 시침핀으로 고정하면서 재단합니다.

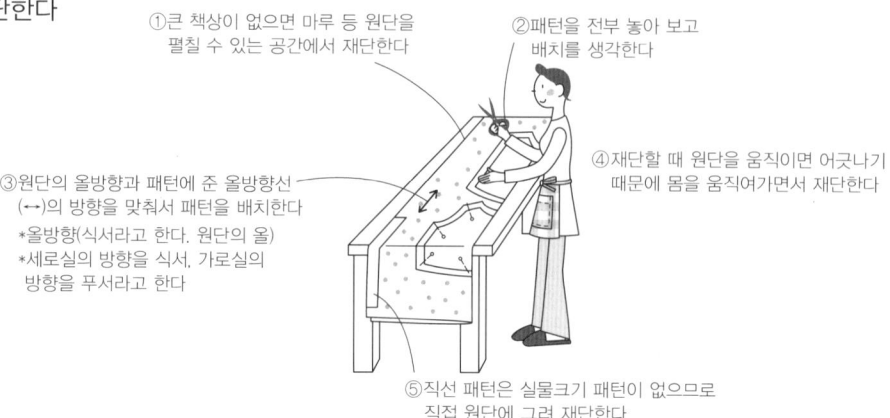

①큰 책상이 없으면 마루 등 원단을 펼칠 수 있는 공간에서 재단한다
②패턴을 전부 놓아 보고 배치를 생각한다
③원단의 올방향과 패턴에 준 올방향선(↔)의 방향을 맞춰서 패턴을 배치한다
*올방향(식서라고 한다. 원단의 올)
*세로실의 방향을 식서, 가로실의 방향을 푸서라고 한다
④재단할 때 원단을 움직이면 어긋나기 때문에 몸을 움직여가면서 재단한다
⑤직선 패턴은 실물크기 패턴이 없으므로 직접 원단에 그려 재단한다

초보자의 눈으로 개발하는
실물 패턴전문 브랜드 패턴인!

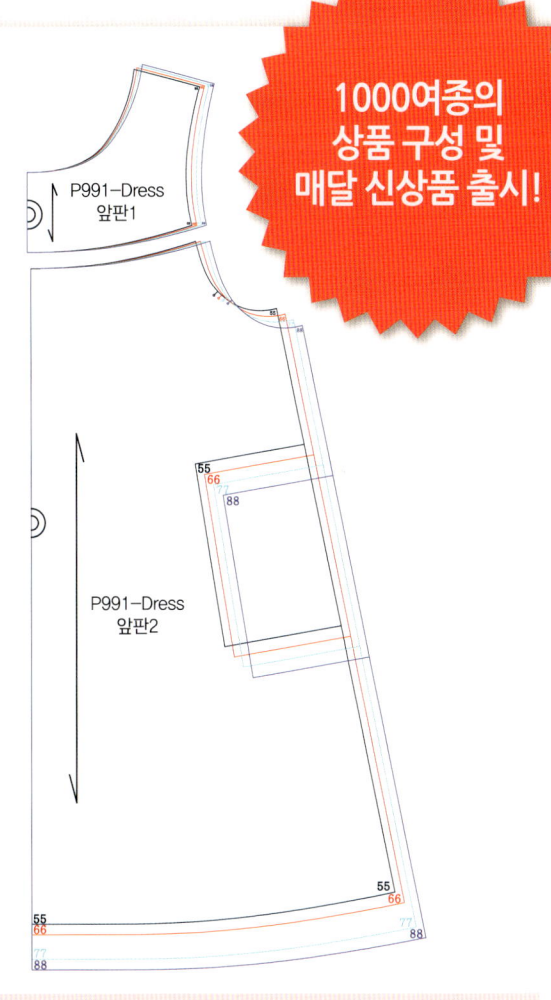

재단배치도부터 소잉 팁까지
꼼꼼한 사진 제작 설명서와 웹 제작 설명서로

쉽고 재미있게!

패턴 전문 캐드를 사용한
전 사이즈 실물 패턴과 사이즈별 컬러선으로

깔끔하고 편리하게!

아래의 구매처에서 패턴인의 모든 상품을 만나 보세요!

패션스타트
패션스타트NCC 대리점

심플소잉
심플소잉NCC 대리점

퀼트스타

천가게 / 천싸요 / 인패브릭 / 앤쏘라이프 / 인패브릭선퀼트 / 아이러브아이웃 / 원단천국 / 원단1번지

명품 스타일
리투아니아 린넨 무지

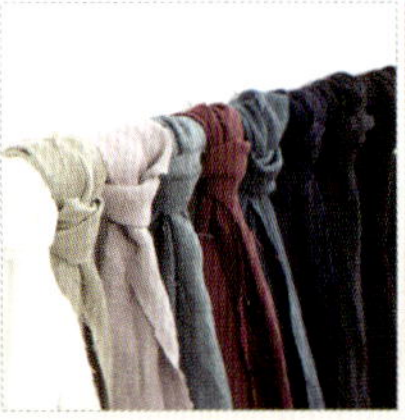

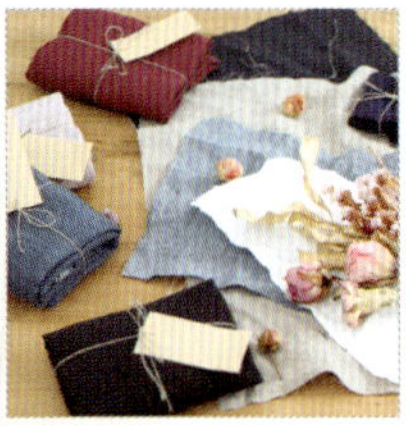

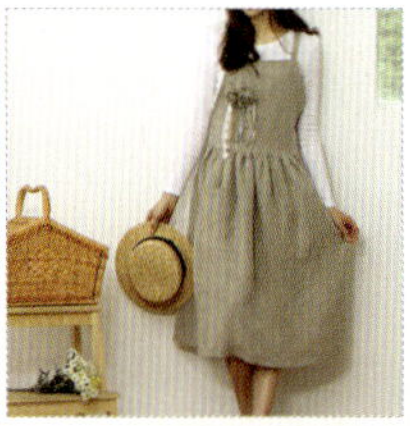

30수 린넨의 두께로 의상이나 소품, 홈패션으로도 사용하기 좋은 패브릭으로
샴브레이 원단의 색감을 내기 위하여 실 한 올 한 올 고심하여 기획 생산하였습니다.
2가지 색의 실을 교차시켜 직조하였기 때문에
빛에 따라 각도에 따라 색감이 달라지므로 오묘한 매력을 느끼실 수 있습니다.

또한 빈티지한 감성을 더하기 위해 스톤워싱 가공을 하여
고급스러운 색감과 터치감을 경험해 볼 수 있습니다.

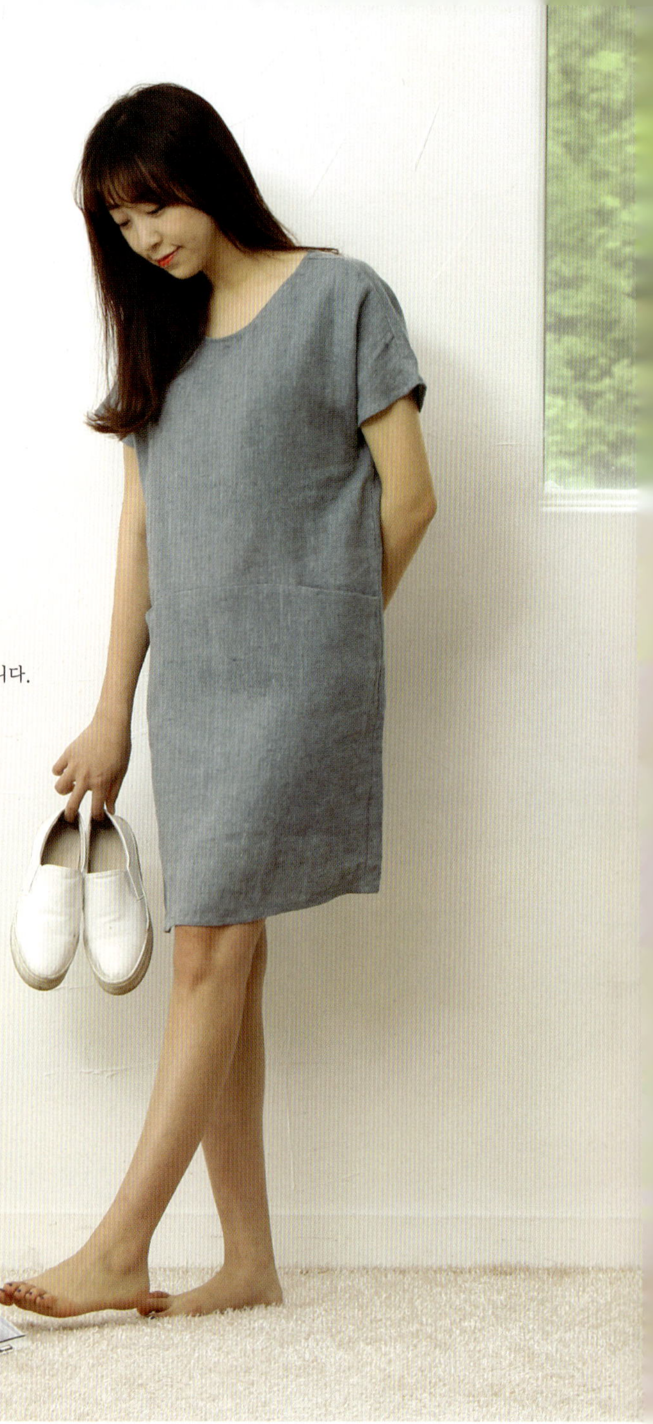

리투아니아 린넨 무지 10종

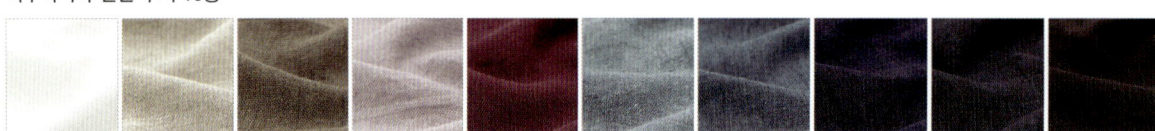

심플소잉 NCC 오프라인 매장

사이트 바로가기

TALK
@심플소잉
친구추가하기

온라인 www.simplesewing.co.kr   고객센터 1644-5744   오프라인 www.simplesewing.co.kr/offline/

Natural Sewing Life

Simple  Sewing

심플소잉NCC

내 삶의 즐거움과 행복을 더해주는 심플소잉NCC 대리점

경인지역
화성 동탄점 070-4190-3830, 분당 수내점 031-711-0015, 용인 죽전점 031-265-0301
수지 신봉점 031-264-3769, 부천 상동점 070-7641-0305, 수원 영통점 031-273-9411,
평택 소사벌점 031-651-7794, 일산 주엽점 031-906-6577, 이천 창전점 031-638-0251,
경기광주 오포점 031-767-6415, 수원 광교점 031-211-3885, 인천 구월점 032-233-0708,
남양주 별내점 031-572-7353, 용인 죽전점 031-265-0301

충청지역
천안 백석점 070-4078-9135, 청주 가경점 043-232-0306, 청주 율량점 043-900-3579,
충남 당진점 070-4104-9320, 대전 탄방점 042-487-8265, 대전 노은점 070-7776-5337,
천안 신방점 041-579-7275, 아산 배방점 041-532-5476, 서산 예천점 041-665-0607,
제천 중앙점 043-642-3106, 세종 나성점 070-8820-8922,

경상지역
대구 범이점 053-201-0060, 부산 미남역점 051-741-3887, 부산 화명점 051-365-1591,
울산 남구점 052-271-1188, 울산 화정점 052-234-2194, 울산 성안점 052-248-8671,
포항 북부점 054-615-4004, 창원 남양점 055-263-5662, 안동 북문점 054-852-5662,
경주 노서점 054-771-6349, 김해 내외점 055-337-5744, 양산 물금점 055-388-3636

전라지역
광주 충장점 062-225-5662, 광주 수완점 062-653-2335, 순천 장천점 061-900-9965,
목포 하당점 061-287-8155, 군산 지곡점 063-468-6338, 전주 송천점 063-278-1088,
나주 빛가람점 061-336-6055

강원, 제주지역
제주시 제주점 064-733-5151, 원주 중앙점 033-742-9884

누구나 생각하던 일반적인 '공방'이 아닙니다.

소잉에 필요한 원단, 부재료, 패턴, 서적의
다양하고 풍성한 상품구성 공간!

그동안 눈으로만 봤었던 "재봉틀(미싱)"을
샵에서 직접 만져보고 체험 할 수 있는 공간!!

본사의 체계적인 관리와 교육을 마스터한
전문강사와 다양한 과정의 수준높은 소잉교육
공간!

눈으로 보고, 손으로 만져보고, 몸으로 체험하는
국내최초 신개념 소잉 복합공간, 소잉DIY 전문
멀티샵! 입니다.

심플소잉NCC 대리점은 소잉을 통한 즐거움과
행복으로 더욱 풍성해지고 가치있는 삶을
전해드립니다.

대리점 개설 상담 및 문의
(NCC미싱 사업부) **1644-5662**

웹페이지
www.nccmising.com

Fashion Start

Clothes D.I.Y Shop

패션스타트는 원단, 부자재, 패턴/서적 그리고 미싱 등
19,000여종의 의상 및 소잉 DIY 상품을 갖추고 있으며,
소잉을 처음 시작하는 분부터 고급 수준의 고객님까지
DIY를 사랑하는 모든 분들과 함께 하고 있습니다.
행복한 소잉의 모든 것, 여기는 패션스타트입니다.

패션스타트의 다양한 상품과 스타일,
그 밖에 특별혜택을 지금 바로
사이트에서 확인해보세요.

www.fashionstart.net   T. 1644-8957

▲ 사이트 바로가기

┃ FROM HAPPY BEARS

직접 만들어서 더 의미있는 DIY 작품은 어떤 마음을 가지고 만드냐에 따라서 그 가치가 또 달라지는 것 같아요. 누군가를 걱정하고, 아끼고, 사랑하는 마음을 담아 완성 한다면 그 마음까지 함께 고스란히 전해지는 것이 손으로 직접 만드는 핸드메이드 (HAND MADE)가 아닐까 생각됩니다 :-)

해피베어스 역시 소잉 DIY를 하는 모든 사람들을 위하는 마음을 담아 소잉작업에 필요한 좋은 상품(Product)을 고민하여 보다 더 멋진 작품을 완성할 수 있고, 늘 즐겁고 행복한 작업시간을 가질 수 있도록 가치있고, 실용적인 다양한 소잉 부자재를 기획하는데 노력하고 있습니다.

01 작품의 완성도와 품격을 UP↑
프라임 소잉전용실

의상, 소품, 홈패션, 미싱퀼트/자수 등 작품 구분없이 사용 가능하며 일반 원단부터 론(아사), 시폰, 수영복원단, 다이마루, 모직 등 다양한 원단을 봉제할 수 있는 멀티실입니다. 코어(CORE)사로 일반 폴리에스테르실에 비해 내구성이 Good! 파인 프라임(53수2합/얇은 원단용), 프라임 (45수2합/일반 원단용), 스티치 프라임(29수3합/두꺼운 원단용) 총 3종으로 구성.

SIZE 약 바닥 3 X 높이 5cm
　　　파인 프라임/프라임(400m), 스티치 프라임(200m)
PRICE 2,400~2,600 won

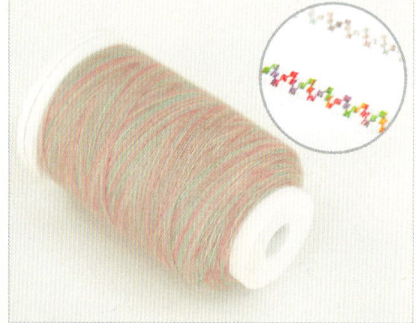

02 꽃잎처럼 부드럽고 가벼운
라라실 (고급 날라리실)

다이마루, 저지, 수영복 원단 등 스판성 있는 원단을 봉제하거나 퀼팅 작업시 밑실 전용으로 사용하기 좋고, 가장자리 오버록 및 인터록 처리시 더욱 고급스럽게 마무리 할 수 있습니다. 보송보송 부드러운 촉감으로, 아이들 피부에도 자극이 없습니다.

SIZE 약 바닥 3 X 높이 5cm / 100D/2 / 350m
PRICE 2,500 won

03 달달한 분위기를 더해요
마시멜로 무지개실

실 한가닥에 다채로운 색상이 그러데이션 되어 있어 무척 매력적인 무지개실. 미싱퀼트, 미싱자수, 의상, 소품, 홈패션 등 다양한 작품에 사용할 수 있는 달콤한 멀티실입니다. 일반 무지개실과 달리 실 중심에 나일론사가 들어있는 코어사(코어사)로 내구성 또한 good! 총 10컬러 구성.

SIZE 약 바닥 3 X 높이 5cm / 45수 2합 / 400m
PRICE 2,500 won

04 귀엽지만 할일은 다하는
와이즈 소잉웨이트

제도, 재단 등의 마름질 작업시 이리저리 움직이는 작업물을 고정해주는 문진입니다. 작은 손에도 쏙 들어오는 그립감과 포갤 수 있는 실용적인 디자인으로 무게감을 더해서 작업할 수 있고, 복수보관할 수 있습니다.

SIZE 바닥 약 5.5 X 높이 약 3.8cm / 무게 약 400g
PRICE 6,000 won

05 덕분에 작업시간이 줄었어요
아이론 시접자

아이론 시접자는 고열에 녹지 않는 특수 열경화성 아크릴 소재로, 직선, 곡선, 완만한 곡선, 각지거나 둥근 모서리 부분 등 거의 모든 시접 부분을 한번에 손쉽게 다릴 수 있는 스마트한 시접자입니다. 원단을 꺾어 원하는 치수에 재단선을 맞춘 다음, 꺾인 부분을 다려주세요. 2가지 사이즈 구성.

SIZE 약 20 X 10cm / 약 30 X 10cm / 두께 약 0.4mm
PRICE 9,000 / 12,000 won

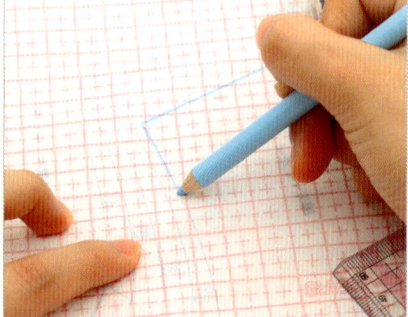

06 모눈 디자인으로 더 똑똑하게!
그리드(모눈) 부직포 패턴지

흔하지 않은 핑크색 모눈 눈금으로, 선이 선명하며 1cm(굵은 실선), 5mm(십자, 점선)로 표시되어 구분하기 쉽습니다. 눈금이 있어 쉽게 면적 계산을 할 수 있고, 원단 소요량 측정이 가능하며, 깔끔하게 롤로 말려 있어서 퀼트나 의류 패턴 작업 등 다양한 작업 시 편리하고 오래 사용할 수 있습니다.

SIZE 약 폭 50cm, 총 길이 27m(2,700cm)
PRICE 26,500~71,000 won

〈상품구매처〉 패션스타트/ 패션스타트NCC 대리점/ 심플소잉/ 심플소잉NCC 대리점/ 퀼트스타/ 그외 온·오프라인

기본에 충실한 소잉 생활필수품

오버록 & 인터록에 관하여 최상의 봉제 퀄리티를
보여주며 뛰어난 내구성과 편의기능을 구현한
오버록 미싱입니다.

CC-5506 "쏘우쿨"

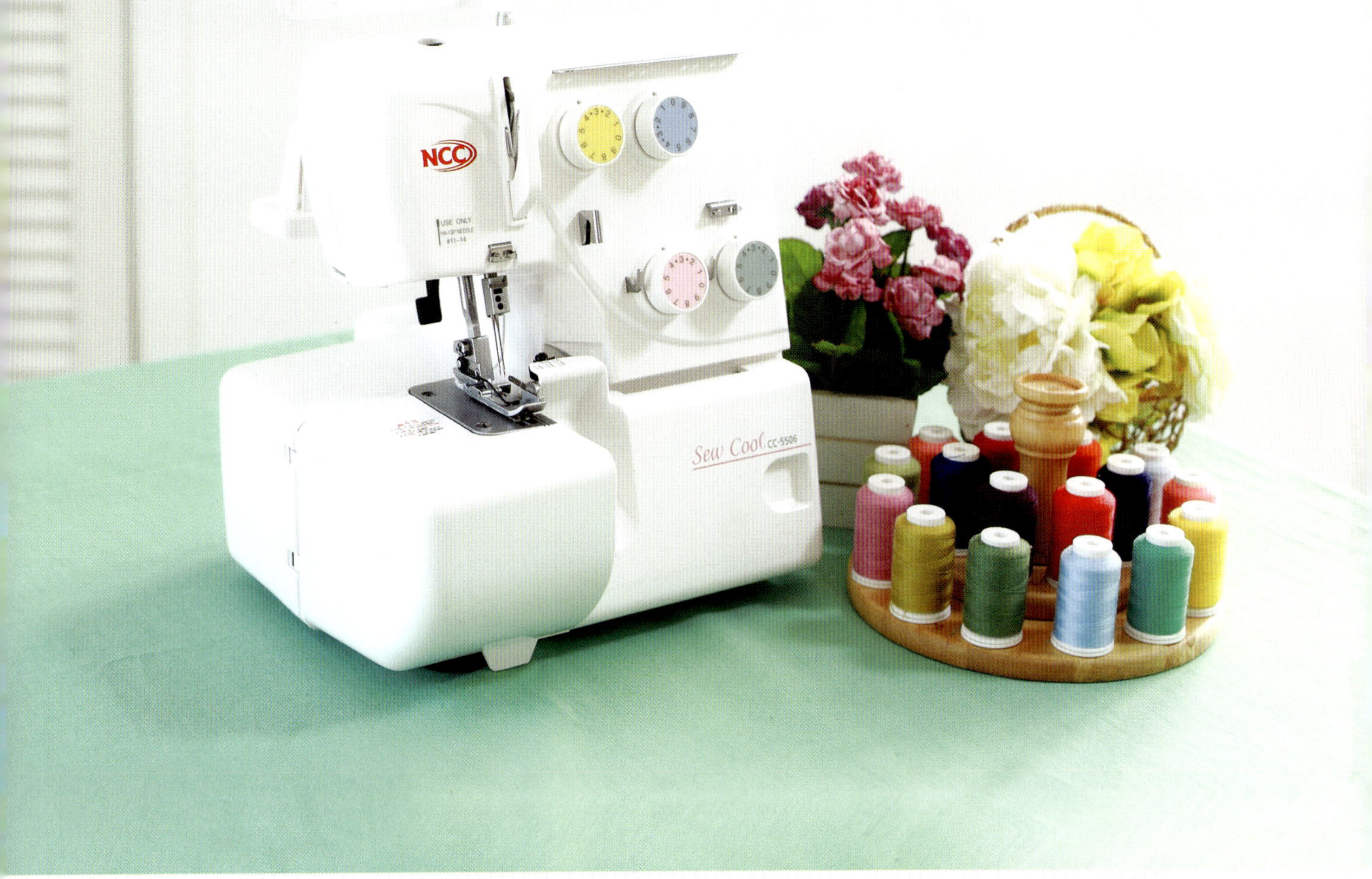

컨버터

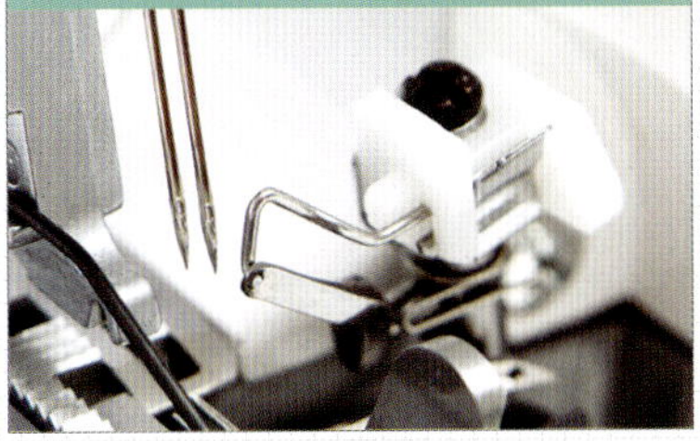

컨버터를 장착하여 실을 2개만 장착하여도
재봉이 가능합니다.

땀 길이 조절 다이얼

1~4mm까지 자유롭게 조절 가능하며 인터록
재봉시에는 "R" 로 설정하면 됩니다.

톱니 차동 이송 조절 레버

차동 이송 조절 레버는 고무줄과 셔링 잡기 작업을 도와주는 역할을
하며, 얇은 소재의 원단이나 다이마루, 기타 스판성이 있는 원단들을
오버록 처리할 때 발생하는 시임퍼커링 현상을 줄여줍니다.

Sewing story

vol.11
진짜 쉬운 머신소잉의 기초

29작품 수록 / 107쪽
실물크기 패턴 1매(2면) 18종 수록 / 정가 12,000원
소잉이 익숙하지 않은 초보 소어들을 위한 아이템들을 기초 / 초급 / 중급 / 스페셜의 총 4가지 테마로 소개하고 있습니다. 실물크기 패턴 소잉팁, 기초 부재료 소개와 함께 All color 일러스트 제작 설명서까지 하루에 vol.11과 함께 소잉의 매력에 빠져 보세요.

vol.12 신개정판
내 손으로 만드는 **사랑스러운 우리아이 한복**

21작품 수록 / 102쪽
실물크기 패턴 2매(4면) 21종 수록 / 정가 14,000원
우리 아이를 위한 사랑스럽고 다양한 한복을 소개합니다. 전통한복 / 생활한복 / 장신구의 3가지 주제로 총 21작품이 수록되어 있으며, 친절하고 자세한 All color 일러스트 제작 설명서로 쉽게 만들 수 있습니다. 엄마의 정성을 담은 한복을 아이에게 선물해 보세요.

vol.13
오버록 미싱으로 만드는 **핸드메이드 아이옷**

28작품 수록 / 102쪽
실물크기 패턴 2매(4면) 28종 수록 / 정가 14,000원
오버록 미싱으로 간단하게 만드는 아이옷을 소개합니다. 일상복 / 외출복 / 홈웨어&언더웨어의 총 3가지 테마로 24가지의 다양한 아이템이 수록되어 있습니다. 아이를 위한 귀여운 액세서리 만드는 법이 담긴 하루에 탑도 놓치지 마세요.

vol.14 개정판
마리앤느의 **핸드메이드 에이프런**

37작품 수록 / 156쪽
실물크기 패턴2매(4면) 35종 수록 / 정가 15,400원
직접 만들 수 있는 다양한 에이프런을 소개합니다. 기본 스타일 에이프런 / 옷처럼 입을 수 있는 에이프런 / Special (남성&아동) / 주방소품의 총 4가지 테마로 다양하고 실용성 높은 아이템들을 담았습니다. 나만의 핸드메이드 에이프런을 만나 보세요.

vol.15
그녀들이 만드는 **행복한 홈인테리어**

36작품 수록 / 134쪽
실물크기 패턴 2매(4면) 27종 수록 / 정가 15,000원
홈인테리어 소품들을 소개합니다. 거실 / 침실 / 아이방 / 주방의 4가지 테마로 총 36가지의 아이템들이 수록되어 있으며, All Color 일러스트 제작 설명서를 수록하여 쉽게 작품을 만들 수 있습니다. 직접 만든 소품들로 집안 곳곳을 꾸며 보세요.

vol.16
여우꼬리가 들려주는 행복한 **자수 소품 이야기**

36작품 수록 / 134쪽
실물크기 패턴·자수 도안 2매(4면) 19·26종 수록 / 정가 15,000원
다양하고 실용적인 자수 소품들을 소개합니다. 소잉룸 / 키친 / 리빙 / 외출의 4가지 테마로 총 26가지의 아이템들이 수록되어 있으며, All Color 일러스트 제작 설명서와 실물크기의 자수 도안을 수록하여 쉽게 작품을 만들 수 있습니다. 세상에 하나뿐인 나만의 자수 소품을 만들어 보세요.

vol.17
처음 배우는 소잉 **가방과 파우치 26**

26작품 수록 / 130쪽
실물크기 패턴 2매(4면) 26종 수록 / 정가 15,000원
다양하고 실용적인 가방과 파우치를 소개합니다. 난이도별 3가지 테마로 총 26가지의 아이템들이 수록되어 있으며, All color 일러스트 제작 설명서와 전 작품 실물크기 패턴을 수록하여 초보자들도 쉽고 즐겁게 만들 수 있도록 도와줍니다. 쉽고 간단하게 나만의 가방을 만들어 보세요.

vol.18
리넨으로 시작하는 **여성복 만들기**

34작품 수록 / 164쪽
실물크기 패턴 2매(4면) 32종 수록 / 정가 16,000원
입을수록 멋스러운 리넨 여성복을 소개합니다. 블라우스, 스커트, 팬츠, 원피스, 자켓 코디 아이템 등 다양한 아이템들이 수록되어 있으며, All Color 일러스트 제작 설명서와 소잉에 필요한 다양한 팁을 소개하고 있어 쉽고 즐겁게 작품을 만들 수 있도록 도와줍니다. 친절한 소잉 하루에와 함께 나만의 리넨 의상을 직접 만들어 보세요.

vol.19
트렌디한 소잉 DIY **클러치와 가방만들기**

30작품 수록 / 144쪽
실물크기 패턴 2매(4면) 30종 수록 / 정가 15,000원
트렌디하고 실용적인 클러치와 가방을 소개합니다. 심플한 디자인부터 독특하고 개성 있는 디자인까지 총 30작품의 다양한 아이템들이 수록되어 있으며, All Color 일러스트 제작 설명서와 가방을 더욱 튼튼하게 도와주는 심지의 종류 및 잠금 장식의 소개까지 소잉에 필요한 다양한 팁을 소개하고 있어 쉽고 즐겁게 만들 수 있도록 도와줍니다. 소잉 하루에와 함께 나를 더욱 빛내줄 트렌디한 클러치를 직접 만들어 보세요.

소잉스토리는 소잉 D.I.Y 취미실용서를 출간합니다. www.sewingstory.com
※ 각 서적에는 All Color 사진설명서 / 일러스트 제작설명서가 들어있어 초보자들이 쉽게 따라 만들 수 있습니다. 각 사이즈별로 그레이딩된 패턴도 함께 들어있습니다.
위 서적들은 패션 스타트 (www.fashionstart.net), 심플소잉(www.simplesewing.co.kr), 퀼트스타 (www.quiltstar.co.kr) 및 온/오프라인 서점에서 구입하실 수 있습니다.